democracia
digital

sesc

SERVIÇO SOCIAL DO COMÉRCIO
Administração Regional no Estado de São Paulo

Presidente do Conselho Regional
Abram Szajman
Diretor Regional
Luiz Deoclecio Massaro Galina

Conselho Editorial
Carla Bertucci Barbieri
Jackson Andrade de Matos
Marta Raquel Colabone
Ricardo Gentil
Rosana Paulo da Cunha

Edições Sesc São Paulo
Gerente Iã Paulo Ribeiro
Gerente Adjunto Francis Manzoni
Editorial Jefferson Alves de Lima
Assistente: Rafael Fernandes Cação
Produção Gráfica Fabio Pinotti
Assistente: Ricardo Kawazu

WILSON GOMES

a democracia
no mundo digital

HISTÓRIA, PROBLEMAS e TEMAS

SERGIO AMADEU
DA SILVEIRA (ORG.)

edições
sesc

© Wilson Gomes, 2018
© Edições Sesc São Paulo, 2018

1ª impressão, 2025

creative commons

Você tem o direito de copiar e redistribuir o texto desta obra, desde que cite a autoria e não faça uso do material para fins comerciais.
(CC BY-NC-ND 3.0 BR)
https://creativecommons.org/licenses/by-nc-nd/3.0/br

Preparação Silvana Vieira
Revisão Richard Sanches, Sílvia Balderama Nara
Projeto gráfico e diagramação Werner Schulz

Dados Internacionais de Catalogação na Publicação (CIP)

G585d   Gomes, Wilson
          A democracia no mundo digital: história, problemas e temas /
      Wilson Gomes. – São Paulo: Edições Sesc São Paulo, 2025. –
      192 p. – (Democracia Digital).

          Bibliografia
          ISBN 978-85-9493-323-2

          1. Tecnologias digitais. 2. Interações digitais. 3. Democracia digital.
    4. História. I. Título. II. Gomes, Wilson da Silva.

                                                          CDD 004.019

Elaborada por Maria Delcina Feitosa CRB/8-6187

Edições Sesc São Paulo
Rua Serra da Bocaina, 570 – 11º andar
03174-000 – São Paulo SP Brasil
Tel. 55 11 2607-9400
edicoes@sescsp.org.br
sescsp.org.br/edicoes
f X 📷 ▶ /edicoessescsp

*Para Louro, meu querido irmão,
com saudade imensa da sua alegria
e da sua enorme fé na democracia
e na justiça social.*

AGRADECIMENTOS

Os originais deste livro foram generosamente discutidos pelos pesquisadores do Centro de Estudos Avançados em Democracia Digital e Governo Eletrônico da Universidade Federal da Bahia. Agradeço imensamente a Dilvan Azevedo, Rodrigo Carreiro, Maria Paula Almada, Lucas Reis, Tatiana Dourado, Eurico Matos, Pedro Mesquita, Maria Dominguez, Robson Carneiro e Samuel Barros pelas críticas, correções e sugestões oferecidas.

Os meios eletrônicos, tal como estão se desenvolvendo, são amplamente acessíveis e estão em abundância. Eles permitem mais conhecimento, acesso mais fácil e liberdade de expressão maior do que em qualquer época anterior. As características desses meios moldam o que se faz com eles, de modo que se poderia prever que essas tecnologias da liberdade superarão todas as tentativas de controle.
Ithiel de Sola Pool

Os cidadãos não apenas poderão escolher aqueles que os governam, como sempre fizeram, mas, cada vez mais, também poderão participar diretamente da criação das leis e políticas que os regem. Com o uso de redes digitais de telecomunicação bidirecionais cada vez mais sofisticadas, o público está conquistando seu próprio assento na mesa do poder político.
Lawrence Grossman

A internet facilita que as pessoas ouçam ecos das próprias vozes e se isolem dos outros. Uma democracia que funcione bem depende de muito mais que isso.
Cass Sunstein

SUMÁRIO

Apresentação 10
Prefácio 14

Introdução 18

Capítulo 1
1970-1995: as origens da ideia
de democracia eletrônica – a teledemocracia 28
   À democracia, via tecnologia 29
   A teledemocracia como projeto 34
   As dimensões da democracia digital 45
   O registro da opinião do público 47
   Informações, dados 51
   Debate, discussão, comunicação horizontal 53
   A tomada de decisão 54

Capítulo 2
1996-2005: a consolidação da ideia
de democracia digital 62
   A democracia digital decola 64
   O impacto da tecnologia na democracia:
      a controvérsia dos efeitos 76
   A fase dos modelos de democracia 86
   Enfrentando as últimas resistências 103

Capítulo 3
2006-2015: o estado da democracia digital 116
    Uma nova internet 117
    Temas e tendências nos últimos anos 126
    Novas tendências na democracia digital 138
    Para concluir 146

Posfácio 150
    A desaceleração da transformação
      digital da democracia 152
    As ameaças digitais à democracia 157
    Estaria a democracia digital ultrapassada? 164

Referências 170
Sobre o autor 191

APRESENTAÇÃO

DESDE FINS DOS ANOS 1990, COM A DIFUSÃO da internet, palavras como interação, colaboração, troca, recombinação e compartilhamento passaram a organizar não apenas a gramática das redes digitais, mas também parte da própria dinâmica social. Trata-se de um conjunto de expressões ligadas a formas de produção e distribuição de informações e saberes que descortinam novos cenários, cobrando-nos esforços reflexivos para compreender seus efeitos, tanto pelas perspectivas da comunicação e da cultura como pelos vieses da educação, da economia e da política.

Hoje, é patente o alcance das redes de conexão digital em um país de dimensões continentais como o Brasil. Se, por um lado, a internet promove a dinamização sem precedentes das interações remotas e o exponencial incremento do acesso e da produção de conteúdo, por outro, nota-se em seus ambientes uma acirrada disputa pelas atenções (e adesões), que se vão revelando concentradas em um leque limitado de plataformas, *sites* e aplicativos.

Sob o crescimento do uso das redes no País, temas como liberdade, direitos humanos, igualdade social, censura, gênero e raça povoam o cotidiano dos fóruns virtuais, não raro facultando alternativas ao tipo de abordagem desenvolvida nos meios tradicionais de comunicação, como o rádio, a TV e a imprensa escrita. Isso se deve, entre outros fatores, à relativização da divisão entre aqueles que pautam e aqueles que consomem a informação, na medida em que essa fronteira vai sendo apagada.

Uma vez que a expansão da rede alavanca a multiplicação do volume de dados e da sua correlata disseminação na esfera pública, assim como estimula a participação de crescente número de pessoas nas discussões sobre assuntos de interesse comum, caberia nos perguntarmos sobre o real impacto, no debate público, dessa forma de circulação de informações e vozes.

Nesse sentido, é promissora a constituição de uma coleção que se proponha a reunir autores brasileiros dedicados a pensar as dinâmicas ensejadas pelas redes digitais de conexão, investigando a sua influência sobre os rumos da democracia. Organizada pelo sociólogo e doutor em Ciência Política Sérgio Amadeu da Silveira, a coleção Democracia Digital convida pesquisadores do campo da cultura digital a se debruçarem, a partir de diferentes abordagens, sobre a recente história dessa ambivalente relação.

A presente obra, *A democracia no mundo digital: história, problemas e temas*, de Wilson Gomes, torna-se, no rumo desta coleção, um caminho mais seguro para nos guiarmos pelo histórico dessa democracia que se desenha em formato que somente na contemporaneidade poderia se dar. Um itinerário, como declara o autor, no acompanhamento da formação de uma ideia nova e transformadora, quer seja pelas tortuosidades do ineditismo, quer no peso da tradição que muitos termos utilizados para a compreensão num âmbito maior carregam.

Pautando-se por uma linguagem clara e direta, a coleção Democracia Digital pretende despertar, em igual medida, o interesse tanto de pesquisadores da área de tecnologia e comunicação como de um público leitor mais abrangente, que se vê envolvido em seu cotidiano com aparatos tecnológicos permanentemente conectados. Publicada primeiramente no formato digital, a coleção faz uso de um suporte hábil em ampliar as possibilidades de acesso a estudos acerca de aspectos centrais da vida contemporânea. Dessa forma, reforça o papel da leitura como expediente-chave da educação concebida em bases emancipatórias, utilizando a tecnologia digital como ferramenta propícia a um espaço social crítico, inventivo e renovador.

Danilo Santos de Miranda
Diretor do Sesc São Paulo
(1984 a outubro de 2023)

PREFÁCIO

VIDAS CONECTADAS EM FLUXOS DE DADOS DE altíssima velocidade a partir de dispositivos georreferenciados. No passado, pareceria ficção. Atualmente parece uma descrição banal, um lugar-comum. Nosso cotidiano está repleto de tecnologias da informação que passaram a intermediar grande parte de nossas interações sociais. As esperanças tecnológicas se avolumam e viram peças de *marketing*, criam lealdades e paixões às marcas das grandes corporações que vendem aparelhos de última geração. Mas os saltos das tecnologias descortinam cenários de riscos e distopias. O temor da automação, da predição algorítmica, da inteligência artificial ou do controle das corporações sobre os viventes vem gerando pesquisas e ficções.

Para discutir, a partir das ciências humanas e sociais, a complexa relação entre tecnologia e as sociedades democráticas, lançamos a coleção Democracia Digital, com textos que abordam temas estreitamente ligados à expansão das tecnologias, como a cultura *hacker*, a produção do comum, a propriedade intelectual, os algoritmos e a democracia. A coleção reúne reflexões sobre as implicações das tecnologias digitais, basicamente cibernéticas (Wiener), em sociedades que podem ser denominadas de controle (Deleuze), em um capitalismo informacional (Castells), de vigilância (Zuboff), estruturado em plataformas (Srnicek), delimitado por uma ordem neoliberal (Laval, Dardot).

Neste volume, um dos mais importantes da coleção, o professor e pesquisador Wilson Gomes conseguiu reunir, de modo crítico e criativo, abordagens teóricas da democracia digital, das origens do conceito no século XX aos nossos dias, articulando noções das disputas e das soluções pensadas aos entraves e possibilidades abertas pelo aparecimento de tecnologias mais recentes, mais ágeis e mais pervasivas. Trata-se, por isso, de leitura indispensável para quem pesquisa, estuda ou se interessa pelo tema, pois, apesar do rigor teórico, foi escrito para ser lido e compreendido por não especialistas.

Vale a pena acompanhar a jornada relatada por Gomes. Particularmente, considero impressionante que se tenha acreditado e depositado esperanças na televisão para organizar a participação da sociedade. Hoje, a teledemocracia pode parecer descabida, mas demonstra que as tecnologias têm despertado a esperança de pessoas que buscam superar ou resolver as questões das relações de poder social pela técnica. Uma das principais heranças da modernidade.

Articulando as teorias da democracia digital, o autor trata da participação política nas redes digitais, da chamada e-deliberação, da estruturação da esfera pública diante da internet, dos entraves e dos avanços da e-transparência e da exclusão digital como um dos limites do processo democrático. Embora tentando se manter nos trilhos do tema central, Gomes dificilmente poderia cumprir sua missão sem tratar ou acenar para a participação política *online* e para as questões dos governos e parlamentos digitais.

Este livro vem preencher, portanto, uma lacuna na literatura científica sobre democracia digital. Em tempos sombrios, de grave crise, de dúvidas sobre as condições democráticas do nosso país, este livro nos faz pensar além das possibilidades das tecnologias digitais para melhorar a qualidade da democracia, da representação política e dos processos de deliberação e participação.

É bom lembrar que as tecnologias digitais se realizam pela cibernética, a ciência da comunicação e do controle. A internet é uma rede em que os rastros digitais deixados pelos seus usuários são agregados e analisados por corretores de dados que os identificam e os vendem para as empresas de *marketing*. As redes de relacionamento *online* estão concentrando as atenções de cidadãs e cidadãos conectados e nelas têm ocorrido os grandes embates das disputas eleitorais nas democracias ocidentais nessa segunda década do século XXI. Curiosamente, surgem intensos debates sobre a corrosão das democracias em ambientes tecnologicamente mediados devido à opacidade dos algoritmos e códigos que os controlam, devido à velocidade das chamadas *fake news*, da adesão aos rituais da pós-verdade, enfim, à gigantesca concentração de tráfego em poucas plataformas tecnológicas. Nesse sentido, as questões aqui trazidas por Wilson Gomes podem nos ajudar a compreender o papel ambivalente das tecnologias para as democracias.

Sergio Amadeu da Silveira

INTRODUÇÃO

ESTE LIVRO PRETENDE FORNECER UM ITINERÁRIO para que o leitor possa acompanhar a formação da ideia de democracia digital, isto é, *a concepção segundo a qual recursos tecnológicos, projetos baseados em tecnologias da comunicação e até as experiências de uso pessoal e social das tecnologias de comunicação e informação podem ser empregados para produzir mais democracia e melhores democracias.* A história da ideia de democracia digital é a história da implementação da e-democracia em projetos e experimentos, mas também, de forma não planejada, nos usos sociais da tecnologia. Além disso, é também a história da fala pública, nos ambientes políticos ou nos meios de comunicação, na forma de discursos, publicações e debates, sobre o que a tecnologia poderia ou deveria fazer pela democracia, ou contra ela. Por fim, é a história da atenção acadêmica ou científica à e-democracia, da bibliografia sobre o tema desde as primeiras formulações até os desenvolvimentos contemporâneos, da formação e consolidação de linhas e tendências de pesquisa, da constituição do campo científico da democracia digital.

Os três elementos estão mais ou menos documentados e, até pela brevidade desta história, está ainda disponível em grande parte a memória de todo o percurso. Mas o estudo da atenção acadêmica fornece o caminho mais promissor, por duas razões. Em primeiro lugar, artigos, capítulos, livros, trabalhos em anais e *papers* são materiais mais confiáveis, mais abundantes e mais disponíveis de forma completa. O discurso científico tem a obrigação de ser sistemático, cuidadoso e abrangente, o que não pode ser dito dos outros dois tipos de materiais. Em segundo lugar, a publicação científica reflete, trata e tem frequentemente como objeto, durante todo o tempo, os projetos e o debate público sobre a democracia digital. O contrário não seria verdadeiro, uma vez que os experimentos e os debates na esfera pública, por exemplo, não necessariamente refletem o estado da arte da pesquisa e, como estão concentrados em responder a funções específicas, dificilmente mantêm à vista a totalidade dos problemas e-democráticos pertinentes naquele momento.

A reconstituição das grandes linhas da história da ideia de democracia digital, portanto, baseia-se diretamente na atenção acadêmica dada ao tema nos últimos 45 anos. E, indiretamente, no debate público e nos experimentos conduzidos ao longo desses anos, uma vez que estes se refletem na atenção científica. Foi usado um acervo de pouco mais de 2 mil títulos, coletado e classificado por mim ao longo dos últimos dez anos, principalmente em inglês e português[1], que constitui, sob qualquer métrica empregada, a literatura de referência da área de democracia digital. Quando necessário, lancei mão de parte de outro acervo, coletado do mesmo modo, com cerca de 2,5 mil títulos das áreas de governo digital e política *online*[2].

A partir daí foi possível constituir uma representação gráfica da área (seus temas, suas tendências), que, disposta numa linha cronológica, nos revela o percurso da concepção de democracia digital das suas origens até hoje.

Foi possível, assim, oferecer ao leitor que deseja um reconhecimento desta área temática um mapa e uma cronologia bastante confiáveis sobre as origens, o itinerário e as direções futuras da democracia digital, assim como da história dos seus principais problemas, debates e questões. A abordagem cronológica, na forma de história do problema, não deixa de ser uma novidade em se tratando de democracia digital, muito afeita a discussões sistemáticas sobre problemas gerais ou questões particulares, e, até onde o meu conhecimento alcança, não conheço outro livro que adote essa perspectiva.

O leitor merece, portanto, um argumento sobre por que não tratei simplesmente dos temas principais e das discussões mais decisivas da democracia digital, tomando principalmente o estado da questão, hoje, como referência. Muita confusão se instalou na área e ainda produz considerável dano quando não se consegue estabelecer adequadamente o vínculo entre conceitos, problematizações e perspectivas adotadas em um determinado momento e o estado da questão naquele exato momento.

Uma compreensão adequada do estado da questão, ou seja, uma que considere as mudanças ocorridas ao longo do tempo, envolve entender:

- o padrão tecnológico que se tinha diante dos olhos em determinado momento;
- o estágio de desenvolvimento, inovação e adoção social da tecnologia naquele preciso instante;

- as especificidades da discussão desenvolvidas naquele contexto, os "partidos" e os interesses envolvidos;
- as referências intelectuais consideradas pelos autores de um determinado momento.

Pois isso é diferente de entender, por exemplo, uma proposição de democracia eletrônica quando alguém tem em vista a televisão a cabo; ou de ciberdemocracia em uma sociedade que está descobrindo computadores domésticos; ou de democracia digital em uma sociedade de internet das coisas, *big data* e mídias sociais. No mesmo sentido, uma discussão sobre democracia baseada em tecnologia, em um contexto em que a teoria democrática está preocupadíssima com a democracia participativa, não pode ser semelhante a outra em que a democracia deliberativa exerce atração considerável sobre os imaginários democráticos. Parto da hipótese de que, para se fazerem distinções mais refinadas, análises mais justas e adequadas ou reconstruções apropriadas dos problemas, é importante, pelo menos uma vez, relacionar os problemas, temas e discussões aos contextos históricos em que se localizam.

Trata-se de um livro curto, de forma que o percurso, naturalmente, é sumário. Mas que tenta ser fiel à topografia da área bem como às trajetórias nela presentes. Além disso, foi pensado como um livro de introdução à e-democracia, para apresentar o campo a um leitor não especialista, mas interessado em uma compreensão substantiva da democracia digital. Espero ter sido bem-sucedido nesse propósito. Devo dizer que, mesmo para mim, que trabalho desde 2001 em um campo que, como se verá, começou para valer apenas em 1996, foi importante tentar formular uma reconstrução da história e produzir um mapa confiável do que, afinal de contas, aconteceu neste breve, extremamente célere e definitivamente intenso vintênio da democracia digital. Que, não por acaso, foi aquele que nos apanha no século XX e nos lança no turbilhão de inovações do novo século. A democracia digital é filha da curva do milênio e, como não poderia deixar de ser, reflete a vertiginosa velocidade que herdou desse momento. Nesse sentido, uma parada para nos acharmos no mapa, entendermos de onde viemos e decidirmos para onde queremos ir parece não apenas importante, mas necessária. Espero sinceramente que o leitor aprecie o mapa que este livrinho representa.

Este volume se divide em três partes, cada uma delas correspondente a um dos períodos da história da democracia digital:

- A primeira comporta o período de formação da ideia de democracia via tecnologia, das primeiras formulações dos anos 1970 até o período do grande debate sobre a teledemocracia, entre o final da década de 1980 e a metade da década seguinte. A segunda e a terceira partes tratam da democracia digital em seu sentido mais estrito, do período, que chega até hoje, em que as esperanças na e-democracia estão baseadas nas tecnologias da internet.
- A segunda parte, mais extensa, recolhe os debates, os temas, as questões típicas do decênio de 1996 a 2005, a curva do milênio em que se consolidou a ideia de democracia digital. Debates, temas e

questões que marcarão definitivamente a área, até aqui.
- A terceira parte, mais curta, cobre os problemas, as alterações e as tendências próprias dos últimos onze anos, até nós, portanto. Examina o comportamento dos temas do decênio anterior, discute os novos temas e aponta as tendências futuras e lacunas a serem preenchidas nos estudos e projetos de democracia digital. Essa seção é mais breve, principalmente por ser em grande parte um desdobramento das tendências, concepções e premissas estabelecidas nos grandes debates da virada do milênio.

Por fim, um esclarecimento conceitual importante para introduzir adequadamente o leitor no universo das interações entre democracia e tecnologia. Neste livro tentou-se ao máximo a restrição temática à área da democracia digital e aos seus temas, novos e tradicionais. Em publicação anterior (Gomes, 2016a), acredito ter demonstrado que a e-democracia se tornou, a partir principalmente da virada do século, parte do campo mais amplo que trata do impacto da tecnologia sobre a vida pública.

TABELA 1

O campo da política, democracia e Estado digitais

Política *online*	Democracia digital	Estado digital
• Campanha e eleições	• Teoria da democracia digital	• Governo digital
• Participação política	• E-participação	• Governança • Participação e colaboração
• Notícias e política	• E-deliberação e esfera pública	• Entrega de serviços públicos
• Políticos, partidos e instituições	• E-transparência	• Governo aberto e dados abertos
• Internet e sociedade	• Exclusão digital	• Cidades inteligentes
• Discussões políticas		• Parlamento digital

Na Tabela 1, a democracia digital se coloca justamente no meio, entre os subcampos da política *online* e do governo (ou Estado) digital. As interfaces entre a democracia digital e os outros dois campos são bastante significativas, antes de tudo porque a e-democracia nasceu primeiro e porque provê a maior parte da legitimidade social em que se funda toda a grande área. Ou seja, governos digitais têm de ser eficientes, econômicos e modernos, mas também têm de ser democráticos; a política está quase inteiramente *online*, mas continua comprometida com o horizonte normativo da democracia liberal, ao menos em nossas sociedades. São interseções, não são confusões nem indiferenças: cada uma das áreas tem as suas peculiaridades, aspectos, dimensões, propósitos. E os seus temas. Recorri a tais interações aqui, quando pertinentes, mas é importante deixar claro que não assumi que temas e problemas de governo digital ou de política *online* fossem, automaticamente, partes do repertório da democracia digital.

---

1   Mas há também literatura em espanhol, italiano, francês e alemão.

2   Trata-se de acervo de metadados, tratados na plataforma Mendel, resultado de projeto permanente do Centro de Estudos Avançados em Democracia Digital e Governo Eletrônico (CEADD) da Universidade Federal da Bahia, laboratório central do Instituto Nacional de Ciência & Tecnologia em Democracia Digital (INCT.DD).

1

1970–1995

AS ORIGENS DA IDEIA DE DEMOCRACIA ELETRÔNICA – A TELEDEMOCRACIA

Há uma crença generalizada de que seria impossível que milhões de pessoas tivessem acesso ao mesmo tipo de democracia participativa de que desfrutavam os membros de pequenas comunidades como a pólis grega, os municípios da Nova Inglaterra e os kibutzim *israelenses. Nas modernas sociedades contemporâneas, não há um meio efetivo pelo qual grandes grupos de cidadãos, estejam eles espalhados pelo país ou reunidos em uma única comunidade, possam interagir regularmente uns com os outros ou com seus líderes.* [...] *Por fim, há uma concepção básica dos atributos necessários para se criar um sistema tecnológico que venha a permitir que um grande número de cidadãos, dispersos por sua comunidade e pela nação, dialogue entre si e forme suas opiniões sobre os assuntos públicos coletivamente.*

Amitai Etzioni

À democracia, via tecnologia

A NOÇÃO DE DEMOCRACIA DIGITAL[3] NÃO CHEGOU toda de uma vez; foi construída aos poucos. A ideia de que a tecnologia poderia servir para construir sociedades mais democráticas foi sendo paulatinamente construída por pelo menos 45 anos. Nesse arco de tempo, muita coisa se alterou, a começar pela denominação do fenômeno, chamado, sucessivamente, de assembleias eletrônicas (Etzioni, 1972), teledemocracia (Arterton, 1987), democracia eletrônica (Varley, 1991), democracia virtual (Hacker; Todino, 1996), ciberdemocracia (Ogden, 1994), democracia informática (Buchstein, 1997), democracia digital (Hale; Musso; Weare, 1999). Sem mencionar um grande número de adjetivos e substantivos que bastavam ser associados à palavra "democracia" para expressar a mesma ideia: *online*, tecnologia, novas tecnologias, tecnologias da informação e comunicação (TICs), *web* etc. Naturalmente, a escolha do vocábulo que vai associado a "democracia" não deixa de conotar algum sentido específico (Porebski, 2002): o "à distância", a cibernética, as tecnologias eletrônicas, a conexão *online*, o método de transmissão.

Além disso, foi preciso muito tempo para que se gerassem consensos fortes sobre os elementos abrangidos e, portanto, referidos pela ideia de democracia digital e, por conseguinte, por seus experimentos, aplicações, ferramentas, dispositivos, instituições e funções. Em diferentes fases históricas, por exemplo, diferentes meios de comunicação estiveram em questão, mas entre o telégrafo e o *smartphone* em conexão permanente há uma diferença enorme de alcance e sentido. E uma coisa é pensar em mecanismos de televotação; outra bem diferente é considerar *big data* e dados governamentais abertos.

Em terceiro lugar, a própria ideia de democracia é uma noção complexa, pode ser polissêmica e admite uma considerável dose de legítimo pluralismo mesmo no nível conceitual mais rigoroso e sofisticado. Assim, por muito tempo, os problemas centrais de democracia digital foram tratados como se, afinal de contas, tudo o que importava era que tipo de democracia se entregava mediante tecnologia. É democracia direta ou mais uma suplementação à democracia representativa? É mais uma versão do majoritarismo (no sentido de uma sociedade em que a maioria pode oprimir e se impor à parte minoritária da sociedade simplesmente em função do número) ou a ênfase é posta na formação de consensos? É a democracia como a entendem os liberais clássicos, os libertários, os comunitaristas, ou é uma democracia eletrônica deliberativista ou participativa?

Como se não bastasse, além da multidimensionalidade intrínseca às teorias da democracia, temos dificuldades relativas a que aspectos ou dimensões democráticas serão chamados em causa na definição adotada. Estamos interessados:

- em que o povo tenha a possibilidade de tomar diretamente a decisão política?
- em ser consultados, quer dizer, ouvidos e considerados, pelo sistema político?
- em interagir com os representantes eleitos?
- em participação? Em deliberação?
- em colaborar com o governo?
- em legislar?

E ainda temos de levar em conta o grau de exigência do que desejamos: trata-se, afinal, de melhorar a democracia liberal, de suplementar a democracia representativa existente ou de modificá-la profunda e permanentemente por meio de uma revolução tecnológica propriamente dita?

Por fim, há que se admitir que a intuição de que as tecnologias da comunicação e da informação podiam ter algum efeito democratizante de relevância em governos e parlamentos, na atividade política e na vida pública em geral; a intuição de que tecnologias tinham o potencial de transformar, com propósitos democratizantes, o processo político e de oferecer novas soluções para os clássicos obstáculos de implementação da democracia vem de longe, mas precisou de muito tempo para ganhar os contornos que conhecemos. Vem de um tempo, por exemplo, em que o que se tinha em mente quando se falava em tecnologias da comunicação era muito diferente do que hoje empregamos como referente dessa expressão – em geral aparelhos com tela, algum dispositivo de *input* (que pode ser a própria tela), algum tipo de processador e conexão à internet. Como bem colocou Thierry Vedel, apesar da jovem idade deste *e-* que funciona como sufixo da e-democracia, "a democracia eletrônica tem uma história permanente de várias décadas, das quais a discussão atual sobre mídia *online* é apenas a extensão mais recente"[4].

A história da ideia de que era possível melhorar processos democráticos por meio de tecnologia da informação pode, naturalmente, ir muito longe, porque é certo que a invenção e, principalmente, a massificação de um novo meio de comunicação sempre foram acompanhadas por um renovar de esperanças em uma melhora na democracia e na vida pública. Para muitos, é quase sempre válido o princípio de que qualquer modificação importante, e para melhor, na qualidade da vida pública, implica praticamente de forma necessária uma requalificação da própria democracia. Assim foi com a prensa móvel e a possibilidade, então tornada real, de disseminar impressos e "democratizar" o acesso ao livro, mas também, sucessivamente, com o telegrama, o telefone, o rádio, o cinema, a televisão e até com os aparelhos de fax. "Democratizar" podia muito bem significar "massificar", alcançar um público extenso para além dos públicos presenciais e restritos, mas também formar novos públicos para os assuntos políticos, oferecer mais e mais atualizados insumos para a formação da opinião e do debate públicos, dotar partidos e facções políticas de canais de expressão, permitir que os cidadãos tenham novas e mais eficientes formas de acesso à autoridade política etc.

A nossa história começa nos anos 1970, mais de vinte anos antes de a internet se tornar uma experiência social relevante, quando começa a especulação sobre as interseções futuras entre democracia e tecnologia agora materializada em alguns experimentos concretos. A atenção acadêmica dada ao tema então, ainda esparsa em algumas poucas publicações, consiste ou em uma especulação geral sobre o efeito das "novas tecnologias" (cabos, satélites, televisão interativa, computadores, fax, videoconferências telefônicas) sobre a democracia ou na resenha de projetos experimentais, conduzidos geralmente por acadêmicos e membros de organizações sociais, projetadas para a participação democrática via tecnologias eletrônicas (de Sola Pool, 1973; Doty; Zussman, 1975; Etzioni, 1972). Pensa-se principalmente em participação cidadã. Já o modelo político e democrático derivava dos *"town meetings"*[5] ou "reunião de moradores de uma cidade", das vilas e municípios da idade do ouro da democracia "tocquevilleana" da Nova Inglaterra (que, por sua vez, replicava o modelo da ágora grega) (Etzioni, 1992).

Nos anos 1980, o volume de publicação duplica e a atenção acadêmica ao tema é mais densa. Há claramente a decisão de que a tecnologia a ser considerada é a televisão a cabo, interativa, ficando os outros recursos tecnológicos (computadores, telefones, fax) como auxiliares. Multiplicam-se os experimentos, conduzidos por organizações e movimentos sociais, mas também por empresas, quase todos baseados em TV a cabo e voltados para a participação dos cidadãos. Uma abordagem teórica da contribuição da tecnologia para a democracia nesse período basicamente lida com (ou promove) a polarização entre defensores da teledemocracia (ou entusiastas da causa da democracia via tecnologia) e os céticos, críticos ou detratores, seja da proposta da teledemocracia, seja da ideia de que a tecnologia possa promover ou modificar a democracia existente.

Entre 1990 e 1995 publica-se o mesmo volume que em todo o período anterior, o que indica que a atenção acadêmica ao tema havia se consolidado. A discussão conceitual basicamente dá continuação ao debate da década anterior, só que agora com maior lucidez e com as primeiras tentativas de se organizar o campo de debate (Dutton, 1992). Uma diferença considerável no horizonte precisa ser destacada: enquanto, nesses anos, ainda reverbera a discussão sobre as possibilidades e limites da teledemocracia, a discussão sobre democracia e tecnologia crescentemente vai vendo apenas pelo retrovisor a tecnologia preferida, televisão a cabo, enquanto computadores domésticos com internet claramente se firmam como a tecnologia do futuro. O centro da discussão continua sendo a teledemocracia, mas já aparecem termos como democracia eletrônica (Varley, 1991) e ciberdemocracia (Ogden, 1994), que indicam que os olhos se voltam para outras tecnologias.

A teledemocracia como projeto

A primeira fase da história da ideia de democracia "eletrônica" se firma no termo "teledemocracia". A expressão ganha massa conceitual nos anos 1980, estende-se pelos anos 1990 e, esporadicamente, pela década seguinte. A época de ouro da teledemocracia são os anos 1980 e a primeira metade da década de 1990, quando se multiplicaram os experimentos e a retórica acerca das promessas democráticas das tecnologias eletrônicas alcançou o ponto mais alto. Mas a crítica foi igualmente acirrada, principalmente no final dos anos 1980 e na década de 1990. Note-se, finalmente, que a experiência a que se refere é basicamente americana, embora tenha marcado a história da democracia eletrônica mundo afora, ou como exemplificação de experiências ou como contraexemplo em alternativas de e-democracia.

O termo, como todos os outros que o sucederam, exprime aquilo que se considera essencial na nova qualidade da democracia baseada em tecnologias eletrônicas, com destaque para o *tele-*, no sentido etimológico de "à distância" e no sentido mais imediato de relação com telefone e televisão. O que a tecnologia pode oferecer de melhor à democracia, portanto, tem a ver com o que se pode fazer à distância, colocando as pessoas em contato umas com as outras ou com autoridades políticas.

Em todas as fases do desenvolvimento da história da ideia de democracia baseada em tecnologias – e, portanto, também no caso da teledemocracia –, três processos se desenrolam ao mesmo tempo: a) experimentos especialmente projetados para explorar possibilidades democráticas da nova tecnologia; b) forte incremento retórico, refletido nos discursos da mídia e da política, sobre o impacto da tecnologia na democracia; c) discussão acadêmica em que os termos são tratados conceitualmente e as preocupações ganham a forma de problemas conceituais[6].

Os experimentos com teledemocracia normalmente incluem:

- sondagens de opinião (ou projetos geralmente de natureza plebiscitária);
- "televotação", meio eletrônico de registro de votos;
- e encontros de cidadãos e representantes eleitos para discutir e resolver problemas, agora projetados em nível nacional, nos *electronic town meetings* (Etzioni, 1992), eventos realizados por meio de teleconferências e de televisão a cabo interativa.

Um exemplo das experiências e iniciativas de democracia via tecnologias eletrônicas é o projeto chamado Minerva, desenvolvido pelo professor teuto-israelense-americano Amitai Etzioni, então radicado no Center for Policy Research, em Nova York, e documentado em artigo do início dos anos 1970 (Etzioni, 1972). O termo teledemocracia aparentemente nem tinha sido ainda cunhado, mas a ideia é de "uma tecnologia eletrônica que permitirá que grupos massivos de cidadãos discutam uns com os outros e que lhes possibilitará produzir decisões coletivas sem deixar os seus lares e sem que seja preciso se aglomerar em auditórios gigantescos"[7]. Esse "sistema de democracia participativa" se baseia em diferentes tecnologias, a depender do volume de pessoas alcançadas: para grupos de até trinta pessoas, sistemas automatizados de teleconferências telefônicas bastariam, mas, para pequenas comunidades (até 2 mil pessoas), a TV a cabo interativa seria o meio adequado, enquanto comunidades de tamanho mediano (de 6 mil a 40 mil) precisariam se basear numa combinação de rádio, televisão por antena e telefones. Por fim, reuniões de alcance nacional ou internacional precisariam ser baseadas em redes que conectam cabos, ondas curtas, estações de televisão ou satélites.

Note-se que, embora articulasse múltiplas tecnologias, o padrão tecnológico que mais movia as imaginações era a televisão a cabo (e as suas possibilidades interativas), a essa altura já presente em cada casa, escola, igreja, câmara de vereadores e clubes políticos norte-americanos.

Um exemplo de sondagem eletrônica típico do início dos anos 1980 foi o serviço de televisão interativa chamado Qube, da empresa de TV a cabo Warner-Amex, cujo propósito era oferecer aos governos um retorno rápido sobre o que as pessoas pensavam sobre políticas públicas e outros assuntos específicos de interesse público. O Qube foi adotado por muitas prefeituras nos Estados Unidos para a realização de "plebiscitos eletrônicos" extraoficiais sobre questões locais. Tudo o que o cidadão precisava fazer era apertar botões, em um console que ficava em cima do aparelho de TV, para registrar o seu voto, que era coletado a cada seis segundos pelo computador da empresa. Não deu certo, por diferentes razões, como o custo da operação, a baixa taxa de participação, a impossibilidade de se ter uma amostragem cientificamente construída, entre outras, mas alcançou relativo sucesso no pequeno período que durou. E acendeu as imaginações.

No que tange à retórica sobre o uso de tecnologias eletrônicas para ajudar a democracia, ou mesmo para substituir a democracia existente, dois tipos principais de materiais contribuem para isso: a) o discurso público presente nos meios de massa e cuja fonte geralmente são políticos influentes ou colunistas atuantes em jornais, revistas e televisão; b) as "futurologias", publicações que tentam identificar e interpretar tendências do ambiente social que lhes é contemporâneo e projetar o seu impacto sobre um futuro mais ou menos iminente.

O ponto mais alto do primeiro tipo de discurso público foi constituído em campanhas eleitorais norte-americanas nos anos 1990, quando a retórica política finalmente compra a ideia de tecnologias a serviço da renovação da democracia. Primeiro, no modelo da mais antiga formulação de Ross Perot, em 1992, e o seu *electronic town hall meeting*. Depois, na versão mais moderna de Al Gore, por meio da ideia de *information superhighway* (superinfovia ou super-rodovia da informação), vendida na campanha eleitoral de 1996 (Oblak Črnič, 2012). Ambas atraem considerável atenção dos meios de comunicação – e mais confusão para o debate (Bradley, 1994; Brown, 1993; Etzioni, 1992).

Outra contribuição importante para vender a ideia de democracia eletrônica veio de alguns ensaios que tiveram razoável sucesso argumentativo (e de vendas) ao identificar algumas tendências no uso e na aplicação social das tecnologias, presentes na sociedade, e projetá-las para o futuro, apontando direções e rumos e até calculando as consequências do que o mundo se encaminhava para ser. Antes, pois, dos artigos e livros sobre democracia eletrônica, o discurso sobre as possibilidades da democracia baseada em comunicações eletrônicas foi sustentado, com mais ou menos ênfase, em ensaios em que se formulava uma espécie de teoria geral da sociedade (ou do futuro das nossas sociedades), no interior da qual se reservava espaço para as constatações de que o estágio tecnológico a ser atingido permitiria, enfim, a implementação de muito melhores democracias do que aquelas que temos no presente.

Autores como J. Naisbitt (1982) e Alvin Toffler (1980) são, nesse sentido, muito importantes para cravar a democracia eletrônica como ideia nos seus prognósticos sobre a sociedade do futuro, atitude que será replicada por outros teóricos gerais da sociedade, respeitadas as diferenças, como Manuel Castells. Toffler, por exemplo, deixou muito claro que os velhos problemas de comunicação não atrapalharão mais o caminho de uma democracia direta consistente e expandida[8]. Os anos 1990 acrescentaram a comunidade virtual de Howard Rheingold (1993) e o ciberespaço de John P. Barlow (1996) à vivacidade retórica do momento. Esses ensaios atiçaram os imaginários sociais e conseguiram razoável sucesso em determinados setores intelectuais, com as suas apostas sobre o que deveria funcionar em termos de democracia e tecnologia na sociedade do futuro.

Este parecia o estado da questão entre o final dos anos 1980 e a metade da década 1990: a polarização retórica entre entusiastas e céticos da democracia eletrônica e um número crescente de experimentações no uso de tecnologias para a participação política, para a consulta da opinião dos cidadãos e para a interação entre cidadãos e autoridades eleitas. É daqui que parte o tratamento científico da questão. A discussão científica sobre as chances de existir uma democracia eletrônica e sobre as feições que esta deveria ter não tardou, pois, a se apresentar. Muitos pesquisadores importantes vêm contribuindo, nos últimos trinta anos, para nos fazer compreender o significado do rápido desenvolvimento das tecnologias de informação e comunicação para a vida pública e o modo como afetam a vida em sociedade, as instituições políticas e, particularmente, o nada simples sistema democrático.

As respostas comportaram um pouco de tudo. Posições moderadamente céticas, posições que francamente apostavam no futuro da democracia baseada em tecnologia e posições decisivamente céticas ou adversárias. Os céticos moderados queriam verificar se havia alguma brasa embaixo de tanta fumaça. Todo mundo está falando de teledemocracia e de democracia eletrônica, e de forma entusiasmada, mas isso é só retórica e diversionismo político ou há alguma coisa realmente séria de que a ciência política, a comunicação política e a sociologia dever-se-iam ocupar?

F. Christopher Arterton é exemplo de um autor cético, pelo menos quanto ao determinismo democrático da tecnologia. Moderem as suas expectativas sobre a requalificação da democracia decorrente do impacto das tecnologias da comunicação, diz. De fato, conclui que o padrão atual de comunicações proporcionou um importante incremento nas interações diretas entre os detentores de cargos públicos e a massa de cidadãos, o que é bom, mas, infelizmente, em tais interações se verificam ainda "desigualdades significativas entre os líderes e o público em termos de controle sobre a iniciativa, o tempo apropriado e o conteúdo das mensagens políticas"[9]. Além disso, depois de resenhar vários projetos de teledemocracia, conclui que as tecnologias, em si mesmas consideradas, não demostram capacidade de realmente promover o envolvimento dos cidadãos. O sucesso de um projeto estaria, então, muito mais relacionado a escolhas organizacionais de quem o projetou, isto é, de escolhas baseadas em seus valores e nas suas premissas sobre participação (o que esperam obter, com que meios, qual o alcance), do que às possibilidades tecnológicas. A democracia, portanto, não será "inevitavelmente induzida pela revolução na tecnologia de comunicação"[10]. Assim, o nosso autor conclui, visivelmente decepcionado, não ter a democracia direta ainda assomado no horizonte: "Do meu ponto de vista, a tendência em nossa política parece não ser a eventual substituição das instituições representativas por procedimentos de determinação direta das políticas públicas por parte de cidadãos". E remata, tristemente: "Na melhor das hipóteses, a mudança pode levar a uma revitalização dos processos representativos facilitada pelos meios de comunicação"[11].

No mesmo período, John Downing, de um outro ponto de vista, considera que o excesso de precauções de Arterton teria pouco apoio nos desenvolvimentos mais atuais das tecnologias. Sobretudo, o segundo desconhece as comunicações baseadas em computadores (*computer communications*) para além do seu emprego em teleconferências. O que Downing faz, então, é resenhar experimentos que consistem em projetos com focos em comunicações via computadores, principalmente os projetos PeaceNet e Public Data Acces. O primeiro, fundado em 1986, na Califórnia, pretendia apoiar movimentos pela paz; o segundo, também dos anos 1980, nasceu na era Reagan para tornar a informação governamental acessível ao público.

As conclusões de Downing são positivas na indicação de potenciais aplicações pró-democracia de projetos de comunicação via computadores, que ele sintetiza em quatro dimensões:

- Tais projetos possibilitam a "coleta e análise direta de dados sobre questões fundamentais que afetam comunidades e subgrupos que, sem isso, seriam negligenciados ou ignorados".
- Por tornar desimportante a necessidade de que todos estejam juntos ao mesmo tempo, esses projetos permitem a mobilização de pessoas geralmente separadas temporal e espacialmente, de modo a juntar gente suficiente e publicidade o bastante "para que se pressionem interesses políticos poderosos".
- Além de centros nervosos, os projetos podem servir "como fóruns para o desenvolvimento da linguagem e das agendas necessárias para a ação política".
- Porque conecta pessoas além das fronteiras nacionais, tais projetos podem "começar a abordar os problemas comuns da humanidade, como os direitos humanos, o lixo tóxico e a paz, fortalecendo assim os recursos e as reservas da cultura democrática" (Downing, 1989).

Mas os adversários e detratores da teledemocracia também foram numerosos e provenientes de pelo menos dois lados.

A primeira frente de crítica vem dos que acham que a teledemocracia superestima a tecnologia enquanto subestima o sistema político ou negligencia a dominação da tecnologia pelo sistema econômico. Trata-se dos incomodados com a pretensão de se modificar o sistema político "simplesmente" pelo acréscimo de ferramentas eletrônicas ou com "ingenuidades" como:

a. a incompreensão da resistência à mudança própria das instituições políticas;
b. uma premissa (errada) sobre a neutralidade da tecnologia, que se deixaria, sem mais, plasmar por intenções democráticas, dobrando a sua lógica própria ao propósito social que se lhe quer dar.

A segunda frente de críticas vem dos que, embora partilhem o descontentamento com o estado da democracia e estejam também desejosos de mudanças no padrão da democracia contemporânea, veem com desconfiança o modelo de democracia que poderia emergir da teledemocracia. Rapidamente se acusa a teledemocracia, como veremos adiante, de propor uma espécie de democracia direta alternativa, na qual a deliberação pública e livre dos cidadãos entre si, do modelo ateniense, seria substituída por um majoritarismo plebiscitário "à distância", baseado em tecnologias eletrônicas.

Scott London (1995) resumiu as críticas comuns até a metade dos anos 1990 e encontrou 17 itens, que podem ser distribuídos em problemas práticos da tecnologia, problemas na implementação política e problemas relacionados aos pressupostos democráticos e políticos por trás dos experimentos.

São *problemas práticos relacionados à tecnologia*, por exemplo, os seguintes fatos:

- a maioria dos experimentos teve baixa taxa de participação;
- os custos para organizar essas experiências tecnológicas são ainda proibitivos;

- a conversação por via eletrônica é, em geral, desvinculada de contexto, portanto, de coisas que podem conferir-lhe significado e propósito;
- a opinião pública é produzida sem a presença real (física) dos interlocutores, o que a torna mais facilmente leviana.

São *problemas de implementação política*, segundo London, as dificuldades a seguir:

- consultar os cidadãos por meio de *feedback* pode ser ineficiente e demorado para os parlamentares;
- não é correto presumir que os eleitores se sentem compelidos a se envolver nos detalhes da formulação de políticas;
- algumas questões públicas prestam-se mal a discussões muito ampliadas, por serem excessivamente técnicas ou demasiado específicas ou de aplicação local;
- as questões de desigualdade de acesso, em virtude da exclusão social ou da baixa alfabetização tecnológica, não estão resolvidas.

Os *problemas de base democrática* incluem as seguintes questões:

- dispositivos como os de registro de opinião não deixam espaço suficiente para diálogos e debates laterais e bem fundamentados;
- a compilação de opiniões resultantes de televotação não pode ser considerada equivalente à voz pública;

- os indivíduos são atomizados nesse processo;
- o excesso de velocidade é adversário de uma deliberação democrática consistente;
- os cidadãos não têm liberdade para enquadrar as questões em seus próprios termos em telessondagens ou televotações;
- nos casos em que não exista uma posição preponderante clara da população acerca de uma questão, soluções simplesmente majoritárias (por margem mínima) não são adequadas;
- participação em consultas eletrônicas não envolve a capacidade de os cidadãos agirem por iniciativa própria, de forma que estes não se sentem, portanto, responsáveis pelas políticas decididas;
- uma vez que não há propriamente oferta de informação necessária para a decisão, a manifestação da vontade se torna suscetível aos meios tradicionais de comunicação e à publicidade;
- o mesmo acontece no que diz respeito à suscetibilidade na constituição da pauta social e política.

As dimensões da democracia digital

Para os autores desse período está claro que a demonstração da relevância da tecnologia para a democracia se dá por meio da indicação de pontos realmente decisivos para a vida democrática em que a incidência da tecnologia faz ou faria muita diferença. Esses pontos deviam ser sumarizados em quatro dimensões: *registro ou consulta da opinião pública, informação, tomada de decisão* e *deliberação*. Claro, houve muita conversa pública, desde a fase da teledemocracia, sobre participação política, que não está nessa lista. Na verdade, ela é uma premissa que se materializa em todas essas dimensões – a participação política dos cidadãos desde sempre foi considerada um fator decisivo para o efeito democrático da tecnologia.

Além disso, essas dimensões podem ser organizadas em dois âmbitos nos quais se distribuem as quatro dimensões: a esfera dos cidadãos ou esfera civil (a sociedade) e a esfera da decisão política (o Estado, o sistema político). No caso da informação, temos a questão de como os cidadãos podem obter informação sobre políticas públicas, governo e sistema político para, justamente, tomar as decisões políticas que lhes concernem no regime democrático, como a decisão eleitoral, o acompanhamento da política e o engajamento na defesa de seus interesses. Mas temos também o fluxo de informações e dados provenientes do Estado para uso dos cidadãos. No caso do registro da vontade pública, por meio de voto, ou de consulta governamental aos cidadãos, há novamente um fluxo com vetores ascendentes e descendentes entre sociedade e governo. A tomada de decisão política é prerrogativa dos representantes eleitos, mas se há algum incremento importante a se obter quanto a isso ele consiste em algum modo de participação dos cidadãos na tomada de decisão. Por fim, a deliberação pública é prerrogativa dos cidadãos, mas, novamente, o que pode haver de relevante e inovador consiste justamente em fazer com que os fluxos horizontais da conversação entre os cidadãos de algum modo se convertam em fluxos verticais destinados a influenciar o sistema político e o governo.

O registro da opinião do público

A votação eletrônica foi uma das primeiras aplicações políticas da tecnologia para fins democráticos. Defensores de uma democracia eletrônica direta defendem que soluções tecnológicas poderiam ser empregadas para que os cidadãos votassem mais frequentemente e sobre uma quantidade maior de questões de forma rápida, mais barata e contínua (Hilbert, 2009). Quiçá mais de uma vez ao dia (Berkeley, 1962). E, sobretudo, a partir do conforto do lar (Hollander, 1985). Não haveria mais, segundo os mais entusiasmados, qualquer limite tecnológico à democracia direta no que diz respeito à verificação contínua da vontade popular.

Na verdade, grande parte da disputa em teoria da democracia eletrônica que acontece até metade dos anos 1990 está relacionada a como estimar o lugar de sistemas eletrônicos de manifestação da vontade popular. Para os defensores da teledemocracia não havia dúvida de que não se podia negligenciar, em Estados de democracia liberal em que o governo e o sistema político estavam cada vez mais distanciados e desconectados da base popular e cada vez mais fechados no seu funcionamento imanente, qualquer meio de fazer chegar aos representantes um registro da vontade do povo. Ainda mais se esse registro da opinião dos cidadãos pudesse ser rápido, de baixo custo, atualizado, capaz de acompanhar em tempo real o ritmo da discussão parlamentar sobre políticas públicas e o ritmo governamental de reação às questões sociais impostas pelas circunstâncias do momento. Ante as novas possibilidades abertas pelas comunicações eletrônicas – telessondagens, telerreferendos e televotação realizados por meio de telefone, redes de computadores, televisão interativa a cabo –, a autoridade pública não podia mais reclamar das dificuldades espaciais e temporais de acompanhar a voz do povo, ou da baixa confiabilidade e do alto custo de formas de auscultação da soberania popular em referendos, plebiscitos e consultas. Por que deixar de considerar o público se agora a sua voz está ao alcance do ouvido dos representantes? O resultado é, naturalmente, entusiasmo.

A reação não se fez esperar e foi responsável pela primeira onda de ceticismo contra a ideia de democracia eletrônica. Consistiu basicamente em dizer que não, sistemas de registros de opinião não afetam qualquer função realmente relevante da democracia. Que tal coisa, se realmente vier a funcionar, mudará apenas superficialmente o impermeável Estado liberal-democrático, uma vez que a esfera da decisão política continuará controlada por representantes eleitos e pelo governo e zelosamente protegida da "intromissão" da massa popular. Que, se fosse capaz de mudar, o Estado mudaria para algo ainda pior, uma espécie de plebiscitarismo ou de majoritarismo eletrônico que produziria, no máximo, uma *agregação de interesses*.

Benjamin Barber, que se debruçou longamente na crítica da ideia de teledemocracia durante os anos 1980, firmou sobretudo nesse ponto a sua trincheira. Sua crítica se explica pelo fato de que, nesse mesmo período, ele propunha um modelo em teoria democrática denominado *strong democracy* (Barber, 1984), uma democracia baseada em participação e em deliberação autônoma dos cidadãos, que contrasta com a *thin democracy*, o modelo segundo ele em uso na democracia liberal vigente, com fraca participação e na qual a produção de decisão política é monopolizada por atores sociais fortes. O problema dos demagogos da democracia eletrônica baseada em registros de opinião e dos fanáticos do automatismo democrático da tecnologia, para Barber, "não é a compreensão que eles têm da tecnologia, mas o modo como entendem a democracia"[12]. A decisão de implementar tecnologicamente uma democracia representativa, uma democracia plebiscitária ou uma democracia deliberativa, por exemplo, comporta implicações e requisitos radicalmente diferentes com respeito às tecnologias. E com respeito ao que as tecnologias podem ou não ser capazes realmente de oferecer ou de oferecer com maior ou menor eficiência, eu completaria.

Claro, alguns autores consideram que a melhor aplicação das tecnologias consiste justamente em promover um "majoritarismo plebiscitário", um sistema baseado na identificação de quais são as opiniões majoritárias (sem considerar minimamente que se trata de agregação de interesses privados de pessoas privadas). Nesse caso, Barber expressa uma preocupação muito comum nos anos 1990: "A nova tecnologia pode ser um instrumento perigosamente fácil de tal majoritarismo não controlado"[13]. O que vai levar à afirmação de que "o tipo de democracia que se propõe [na teledemocracia] é uma versão degradada e empobrecida do verdadeiro ideal. A democracia se torna um mero dispositivo para registrar preferências"[14].

Outro filósofo, Michael Walzer, produzindo no mesmo momento, viu-se compelido a encaixar no seu famoso livro de teoria democrática, *Spheres of Justice*, uma crítica ao que então considerou ser a representação dominante do impacto da tecnologia moderna sobre a democracia:

indivíduos isolados, vendo televisão na sala de estar, conversando apenas com seus cônjuges, votando em referendos sobre questões cruciais da nação com um simples toque no botão de algum aparelho. "Mas isso é o exercício do poder? Estou inclinado a dizer, em vez disso, que é apenas outro exemplo da erosão de valores – uma maneira falsa e, no final das contas, degradante de compartilhar a tomada de decisões"[15].

Exemplo dessa mesma crítica está registrado em uma resenha de Jean Elshtain sobre o serviço de sondagens instantâneas via televisão interativa, o Qube, já mencionado aqui. Segundo a autora, o erro dos então defensores da teledemocracia consistia em uma compreensão equivocada da democracia, confundida com um mero sistema de plebiscitos. Mas não há comunidade política democrática, afirma, sem que se incorporem "um processo deliberativo, a participação com outros cidadãos, um senso de responsabilidade moral com a própria sociedade e o aprimoramento das possibilidades individuais por meio da ação na e para a *res publica*"[16]. O plebiscito não é garantia suficiente de democracia, uma vez que um regime autocrático pode muito bem existir disfarçado de opinião majoritária: "essa opinião pode ser registrada por plebiscitos ritualizados facilmente manipulados"[17].

A teledemocracia, na verdade, não se resumia aos sistemas de registros de opinião, como insistiam alguns dos seus defensores e muitos dos seus detratores, mas a suposição de que havia ali um projeto de democracia eletrônica direta (plebiscitária, baseada em agregação de interesses e negligente quanto à deliberação pública) provocou considerável reação. Aparentemente, a democracia direta via plebiscitos eletrônicos precisava ser exorcizada. A tal ponto que, reavaliando no final dos anos 1990 a polarização retórica e teórica dos anos da teledemocracia, o professor Stephen Coleman descreve que, por algum tempo, a estratégia discursiva habitual de quem queria defender o papel democratizante das tecnologias da informação e comunicação, mas ao mesmo tempo escapar das objeções que eram feitas à ideia de teledemocracia, consistiu "em afirmar de forma resoluta a sua rejeição a qualquer coisa que se aproximasse da democracia direta"[18]. A democracia direta sem deliberação e baseada em mera agregação de inclinações foi transformada na caricatura da teledemocracia (e, por consequência, da democracia eletrônica) e no espantalho teórico que se podia fácil e convenientemente destruir.

Informações, dados

"Informação" é um desses termos de pouca precisão conceitual e de grande sucesso de público em teoria democrática. Por isso mesmo, sempre comparece nas listas de destaques seja das qualidades da democracia, entendida como o regime em que a informação é gerada e flui mais livremente, seja das necessidades para a implementação de democracias saudáveis. Por essa razão, não poderia estar ausente da breve lista das contribuições essenciais da tecnologia para a democracia.

Primeiro, a informação comparece na forma de "conteúdos politicamente relevantes, incluindo notícias, opiniões e dados factuais – em grandes quantidades"[19]. Nesse caso, a constatação comum é que as TICs em geral, e a internet em particular, têm sido pródigas em "facilitar um acesso mais rápido e completo do que o da mídia convencional a informações políticas e governamentais local, nacional e internacionalmente"[20]. Ora, como na democracia é essencial que os cidadãos tomem decisões políticas bem-informadas, e os meios e ambientes digitais de informação e comunicação representam uma contribuição significativa para o provimento das informações de que os cidadãos precisam, torna-se muito fácil justificar, por esse aspecto, a relevância da tecnologia para a democracia.

Segundo, há que considerar as próprias informações sobre os cidadãos, suas opiniões, disposições, crenças, desejos, temores e atividades, fluindo para o sistema político e o governo. O lado bom desse fluxo de informações se pode imaginar na forma da "coleta e análise direcionada de dados sobre questões-chave que afetam comunidades e subgrupos da população, que, de outro modo, arriscariam a ser esquecidos ou ignorados"[21]. Nessa acepção, a informação é basicamente mais uma forma de registro da opinião pública, necessário para políticas públicas e demais decisões políticas para as quais se quer levar em consideração a vontade política da maioria dos cidadãos. A face negativa dessa perspectiva de informação como "dados dos cidadãos", por outro lado, consiste no perigo que aplicações para coleta e processamento desse tipo de conteúdo representam para a privacidade dos indivíduos.

Terceiro, a informação comparece na forma de dados governamentais. Já nos anos 1990 se firmava a convicção de que documentos e demais dados provenientes de governos e órgãos do Estado podiam ser colocados, *online*, à disposição dos cidadãos, uma vez que as barreiras de acesso podiam ser consideravelmente reduzidas ante o estado das tecnologias de informação e comunicação. Entre os efeitos previstos do acesso público a dados públicos estão, desde então, a transparência governamental mediada tecnologicamente.

Debate, discussão, comunicação horizontal

É curioso como entrou bem cedo no debate sobre democracia eletrônica a perspectiva de que as comunicações eletrônicas bem poderiam servir à democracia ao oferecerem a possibilidade de discussão pública de problemas sociais e políticas. Trata-se de uma dimensão não tão óbvia da democracia, que não rivaliza em evidência com a necessidade de se ter em consideração a opinião dos cidadãos ou a importância de informações políticas e governamentais para uma cidadania esclarecida. Mesmo em teoria democrática, é tardia a clareza de que a deliberação pública é essencial para uma democracia bem fundada.

Como então, na teoria da democracia eletrônica, a imposição do tema veio tão "cedo"? Na minha hipótese, há duas boas razões para isso. A primeira diz respeito à produção de argumentos para contrapor ao famigerado majoritarismo plebiscitário como forma de configurar uma democracia densa, participativa, mais próxima do modelo de democracia direta. O plebiscitarismo dos projetos de teledemocracia foi devidamente combatido em território teórico com a alegação de que havia um outro meio, mais eficiente e mais em conformidade com um conceito exigente de democracia, de formação da vontade e da opinião públicas: a discussão aberta, horizontal, livre entre os cidadãos. Afinal, como bem nos ensinou a democracia clássica, ateniense, o voto e a regra da maioria são métodos para encerrar discussões ao fim das quais decisões precisam ser tomadas, mas apenas na circunstância em que um consenso não tenha sido obtido e tão somente quando os argumentos tenham sido esgotados.

Só um majoritarismo tosco saltaria a deliberação e iria direto ao voto, dispensando tudo aquilo que constitui a base da democracia: a busca de consensos esclarecidos, o esclarecimento recíproco entre cidadãos em condição de igualdade, o valor normativo do princípio do melhor argumento, os ganhos em termos de cooperação e corresponsabilidade de decisões geradas em discussões livres, o fortalecimento dos vínculos horizontais entre os cidadãos, a formação de uma cidadania ativa.

Outra provável razão para que reivindicações sobre a importância do debate e de uma esfera pública atuante tenham perpassado pela qualificação da democracia digital está na coincidência temporal entre a fase inicial da discussão sobre democracia eletrônica e o *boom* da democracia deliberativa em teoria democrática, ambas dos anos 1990.

A tomada de decisão

Regimes políticos se distinguem uns dos outros pelos métodos e pressupostos adotados para se tomarem as decisões que afetam a vida em comum. Regimes autocráticos se caracterizam por reservar a tomada de decisões a poucos ou a apenas um, enquanto no regime democrático a decisão é tomada por todos, diretamente ou por meio de representantes escolhidos para esse fim. A decisão política, portanto, desempenha papel importante na definição da democracia, de forma que é natural que se tenha procurado reservar um lugar para ela na democracia eletrônica.

A questão do incremento da participação dos cidadãos na tomada de decisão por meio de tecnologias da comunicação envolve diferentes aspectos.

Primeiro, temos um conjunto de decisões para as quais, mesmo em formas de democracia pouco porosas à vontade do público – isto é, que fazem muita questão de reservar aos eleitos e à burocracia estatal praticamente todas as prerrogativas referidas à tomada de decisão –, demanda-se participação dos cidadãos. Trate-se daquelas circunstâncias em que o sistema parlamentar transfere aos cidadãos a decisão sobre políticas públicas, ratificando ou não decisões tomadas pelos congressistas ou escolhendo entre opções predeterminadas, como em referendos e plebiscitos; ou então aquelas circunstâncias em que o processo legislativo regular determina que os cidadãos interessados sejam ouvidos antes da decisão parlamentar, como em consultas públicas. Em ambos os casos, a mediação da tecnologia pode representar não apenas a diminuição dos custos desses atos processuais de aferição da vontade popular, mas também o oferecimento de oportunidade de participação eficiente, acessível e mais adequada às conveniências do cidadão.

Além disso, temos tomadas de decisão em que o sistema político se abre para a colaboração dos cidadãos. É o caso, por exemplo, da regulamentação de normas ou de políticas públicas, da produção colaborativa de projetos de lei, da formulação de políticas etc. Forçadas por constituições ou leis específicas ou levadas a isso por políticas públicas governamentais ou parlamentares acolhedoras da colaboração cidadã, têm aumentado consideravelmente as oportunidades de participação nessas formas intermediárias de intervenção do cidadão. E as tecnologias de comunicação são condição fundamental para que níveis de participação que já foram considerados impensáveis pudessem ser implementados. O que inclui, neste caso, um esforço para envolver mais os cidadãos com a coisa pública.

Por fim, temos o centro da decisão política, na decisão legislativa típica do trabalho parlamentar regular, ou na decisão governamental, relacionada à implementação de políticas públicas e às decisões da gestão pública. Essa é uma dimensão normalmente reservada aos eleitos, e apenas projetos de restauração da democracia direta incluem a possibilidade de transferir a decisão política desse nível para que os cidadãos a exerçam diretamente, sem representação nem deputação. De forma alternativa, há duas possibilidades usualmente reivindicadas com respeito a esse âmbito de tomada de decisão pela democracia eletrônica:

- Monitoramento: o cidadão tem o direito de saber como e por quem as decisões são tomadas, bem como de saber a natureza e o alcance de tais decisões. A mediação tecnológica está à disposição justamente para jogar luz sobre os tomadores de decisão, sobre as atividades dos agentes do Estado, sobre o exercício da discricionariedade por parte de funcionários públicos e autoridades políticas, mesmo no uso de suas prerrogativas.

- Demanda de transparência do processo legislativo, que se estende até o ponto de saber se algum fator ilegítimo (como corrupção) afetou a decisão de algum dos atores envolvidos na decisão tomada. Mas também se exige transparência da inteira atividade governamental – e das condições em que ela é exercida –, da gestão pública, do exercício do poder discricionário de cada funcionário. A transparência pública, portanto, não se refere apenas aos negócios públicos, mas também aos agentes envolvidos na tomada de decisão e às circunstâncias em que as decisões são tomadas.

* * *

Como se pode depreender da análise das quatro dimensões da democracia eletrônica reconhecidas na fase da teledemocracia, nem tudo é sujeito a contestação. O centro das críticas se concentrou principalmente na questão do registro de opiniões e posições dos cidadãos, que a muitos dos detratores pareceu representar o núcleo duro da proposta. As outras dimensões, igualmente reivindicadas pelos advogados da teledemocracia, como informação, deliberação e participação civil na decisão política, não criaram polêmica. Isso é importante para se entender que por trás da retórica adversária da teledemocracia estava uma rejeição não da democracia eletrônica, mas de uma democracia eletrônica que consistisse em agregação de opiniões por meio de mecanismos de coleta de opiniões. O Qube parece ter de tal modo monopolizado as fantasias políticas que acabou condensando o que para muitos era a quintessência da teledemocracia e da democracia eletrônica em geral. Outros experimentos e ideias (como os *town meetings* e os *electronic town halls*) que tinham em alta consideração a deliberação e a participação cidadã em tomadas de decisão, como não assombravam as imaginações, não foram consideradas para mitigar as críticas à teledemocracia. Assim, embora pareça, da leitura da bibliografia, que o período da teledemocracia se conclua com a vitória dos que rejeitaram a democracia eletrônica, aconteceu uma coisa completamente diversa. O que houve foi que se fechou a porta a uma dimensão do uso de tecnologias de comunicação para fins políticos e democráticos (as sondagens e plebiscitos), enquanto se confirmou a importância das outras dimensões envolvidas, como produção de informação, deliberação e participação na decisão política. No futuro, como veremos, as funções plebiscitárias serão substituídas por mecanismos de consulta pública, fóruns de discussão e outras formas de interação lateral e vertical envolvendo cidadãos e autoridades.

Assim, não se pode absolutamente pensar que o período em que se experimentou com teledemocracia e em que se especularam meios de usar novas tecnologias no processo democrático tenha sido um fracasso. Muitas das intuições nascidas de experimentos baseados em uma tecnologia que não prosperou, a televisão interativa a cabo, foram recuperadas para serem aplicadas novamente, desde meados da década de 1980, usando-se a tecnologia dos computadores em rede. Do mesmo modo, os debates sobre vantagens e desvantagens da aplicação de tecnologias no processo político foram retomados quando a tecnologia à vista já era a internet. O lugar da democracia digital, no debate público e na discussão acadêmica, foi criado e guardado pela discussão sobre a teledemocracia.

---

3   Como veremos, houve e ainda há denominações concorrentes de democracia digital. Na medida do possível, "democracia digital" e "e-democracia" serão os termos que adotarei geralmente para falar do fenômeno que é o nosso objeto, quando não couberem designações contextuais mais específicas, como no caso do período da teledemocracia. Quando, porém, tiver de traduzir ou reproduzir a argumentação de algum autor, adotarei a expressão por ele empregada. De toda sorte, o leitor deve considerar sinônimas as expressões teledemocracia, democracia eletrônica, democracia virtual, ciberdemocracia, eDemocracia, e-democracia e democracia digital. Usarei as duas últimas em geral apenas por serem as mais empregadas atualmente.

4   T. Vedel, "The Idea of Electronic Democracy: Origins, Visions and Questions", *Parliamentary Affairs*, v. 59, n. 2, 10 fev. 2006, p. 226 (em tradução livre, assim como as demais citações de obras estrangeiras).

5   Para a compreensão dos *town meetings* na história política americana, cf. <https://en.wikipedia.org/wiki/Town_meeting>.

6   No caso específico, a retórica e os experimentos estão presentes desde o final dos anos 1960 e a década de 1970 (de Sola Pool, 1973; Etzioni, 1972; Flood, 1978; Laudon, 1977; Smith, 1978), a discussão teórica é dos anos 1980 (Abramson; Arterton; Orren, 1988; Arterton, 1987, 1988; Bjerknes; Ehn; Kyng, 1987; de Sola Pool, 1983; Downing, 1989; Elshtain, 1982; Hollander, 1985), estendem-se até o final dos anos 1990 (Barber, 1997; Becker, 1993, 1998; Brants; Huizenga; van Meerten, 1996; Buchstein, 1997; Davies; Jegu, 1995; Dutton, 1992; Etzioni, 1992; Fountain, 2003a; Grosswiler, 1998; London, 1995; Ogden, 1994; Street, 1997; Tsagarousianou, 1998; van Dijk, 1996; Varley, 1991; Watson *et al.*, 1999; Ytterstad; Watson, 1996) e, já em declínio, até o início dos anos 2000 (Becker; Slaton, 2000; Kangas; Store, 2003; Whyte; Macintosh, 2001).

7   A. Etzioni, "Minerva: An Electronic Town Hall", *Policy Sciences*, v. 3, n. 4, dez. 1972, p. 457.

8   Cf. A. Toffler, *The Third Wave*, Toronto: Bantan Books, 1980, p. 429.

9   F. C. Arterton, "Political Participation and 'Teledemocracy'", *PS: Political Science and Politics*, v. 21, n. 3, jan. 1988, p. 620.

10 *Idem, Teledemocracy: Can Technology Protect Democracy?* Newbury Park: Sage, 1987, p. 623.

11 *Ibidem*, p. 621.

12 B. R. Barber, "The New Telecommunications Technology: Endless Frontier or the End of Democracy?", *Constellations*, v. 4, n. 2, out. 1997, p. 224.

13 *Ibidem*.

14 J. Street, "Remote Control? Politics, Technology and 'Electronic Democracy'", *European Journal of Communication*, v. 12, n. 1, 1 mar. 1997, p. 32.

15 M. Walzer, *Spheres of Justice*, Oxford: Basil Blackwell, 1985, p. 307.

16 J. B. Elshtain, "Democracy and the QUBE Tube", *The Nation*, 1982, p. 108.

17 *Ibidem*.

18 S. Coleman, "Can the New Media Invigorate Democracy?", *The Political Quarterly*, v. 70, n. 1, jan. 1999, p. 18.

19 T. Vedel, *op. cit.*, p. 231.

20 R. Hurwitz, "Who Needs Politics? Who Needs People? The Ironies of Democracy in Cyberspace", *Contemporary Sociology*, v. 28, n. 6, 1999, p. 657.

21 J. D. H. Downing, "Computers for Political Change: PeaceNet and Public Data Access", *Journal of Communication*, v. 39, n. 3, set. 1989, p. 162.

2

1996-2005

A CONSOLIDAÇÃO DA IDEIA
DE DEMOCRACIA DIGITAL

A internet é uma metáfora vasta e amorfa em busca de tangibilidade. Uma rodovia, uma ágora, um centro comercial, uma biblioteca, um portal, uma teia, um cérebro, um universo etéreo de bits *e* bytes. *Surfamos, rolamos, pesquisamos, buscamos, navegamos, postamos, batemos papo, espiamos, nos conectamos e desconectamos.*
Stephen Coleman

As pessoas geralmente se referem à e-democracia como algo que se pode ser "contra" ou "a favor". Como não existe ninguém nos países democráticos que seja contra a democracia (com exceção de grupos marginais), deve ser então ao "e" que elas fazem objeção.
Åke Grönlund

A POPULARIZAÇÃO DA INTERNET, A ADOÇÃO MASSIVA da computação doméstica com conexão à, como se dizia, "rede mundial de computadores", não se deu, naturalmente, de uma vez só, mas aconteceu em uma década. No início dos anos 1990 já era claro que microcomputadores com internet eram a grande tendência em adoção de tecnologias da comunicação e da informação, mesmo em países então tecnologicamente periféricos como o Brasil. A inovação tecnológica que tornou possível a existência de computadores domésticos consolida-se na década de 1980, mas não seria certamente como um processador doméstico de dados (ou como uma máquina de escrever sofisticada e cara) que os microcomputadores se popularizariam na década seguinte. Se a popularização dos computadores domésticos efetivamente colocou máquinas de computar nas casas, o fato mais importante foi que abriu as portas para a massificação de outra inovação, já consolidada para fins militares e científicos: a internet. No início dos anos 1990, a convergência da computação doméstica com a internet parecia algo comparável com o salto tecnológico que havia colocado primeiro rádios, depois televisores por antenas, depois TV a cabo e satélite na casa das pessoas. Mas a velocidade da inovação tecnológica e a correspondente adoção massiva são casos ainda mais surpreendentes do que o ocorrido no surgimento das tecnologias anteriores.

No período entre 1990 e 1995, duas inovações em particular foram determinantes para a popularização dos computadores domésticos com acesso à internet. Ambas tinham a ver com a invenção de interface gráfica para o uso das novas tecnologias, o que tornou intuitivo, interessante e divertido para as pessoas tanto o uso de computadores (o caso do Windows e a invenção do padrão gráfico) como o uso da internet (o caso da *web* e da internet de "navegação" [Brugger, 2013; 2016]). A explosão na adoção de computadores conectados à rede acontece na metade da década e atinge padrões massivos já no final do período. O século XXI já se abre tendo o padrão de computadores domésticos e internet como um dos fenômenos sociais mais importantes e característicos.

A democracia digital decola

A partir de 1996 temos algo muito peculiar acontecendo. Em primeiro lugar, mudou rapidamente a perspectiva sobre em que prestar atenção em termos tecnológicos: o foco se desloca da televisão para o computador, e da tecnologia do cabo para a internet. Não havia competição, nem no sucesso comercial nem na velocidade de adoção. Estamos agora, de forma autoconsciente, na "era da internet" (Brants, 1996). Em projetos de experimentação, na retórica e na pesquisa consolida-se a já iniciada substituição da "democracia à distância" pela expressão mais geral "democracia eletrônica" – ou pelas concorrentes, como as já mencionadas "ciberdemocracia" e "democracia virtual".

Se usarmos a atenção acadêmica como um marcador confiável da importância social, científica e política atribuída a um tema, então não há dúvida de que é a partir de 1996 que realmente se abre a era da democracia digital. A primeira evidência arrolada em favor da hipótese é o fato de que entre 1996 e 1999 publica-se sobre democracia e tecnologia o mesmo volume de títulos que se publicou entre 1972 e 1995. Na comparação de publicações por década (Gráfico 1), fica ainda mais evidenciada a demarcação temporal da área e que a segunda metade dos anos 1990 representa efetivamente o seu marco inicial.

GRÁFICO 1
Distribuição de publicações sobre democracia digital por década – 1976-2015

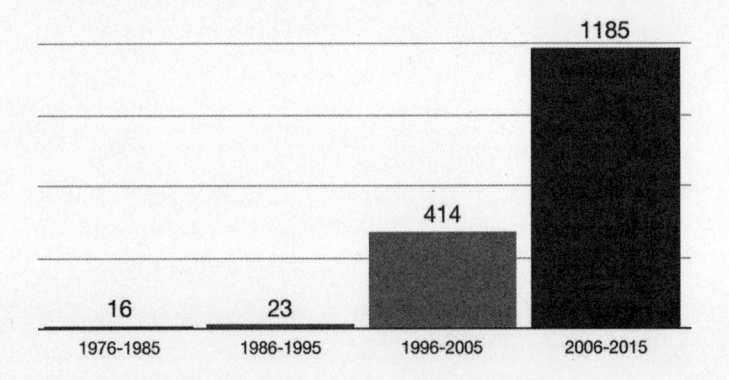

Período	Publicações
1976-1985	16
1986-1995	23
1996-2005	414
2006-2015	1185

Além disso, se observarmos a distribuição histórica da atenção acadêmica, veremos que só a partir de 1996 há de fato uma produção numericamente relevante, constante e crescente sobre o nosso tema, como se pode ver na série temporal que inclui toda a publicação até 2016 (Gráfico 2).

GRÁFICO 2
Distribuição de publicações sobre democracia digital por ano – 1996-2016

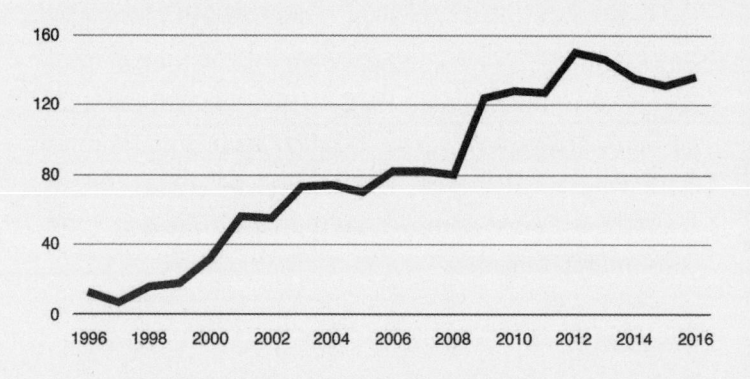

O decênio que vai de 1996 a 2005 não é homogêneo, nem do ponto de vista da inovação tecnológica nem dos usos sociais da tecnologia, e tudo isso se reflete no tema da democracia eletrônica. A segunda metade da década de 1990 é conhecida como o momento da "virada comercial" da internet, em que o padrão da internet reservada a acadêmicos é substituído pela internet popular, mas também do *boom* da sua popularização. Multiplicam-se os provedores de acesso à rede, caem consistentemente os custos das máquinas e do acesso, explodem a curiosidade pública sobre as coisas que se podia fazer, como se dizia, no "mundo virtual" e o desejo de se estar "plugado". A corrida para o computador com internet é a ordem do dia até a virada do milênio. Já no final do século, os novos usuários estão muito interessados em interação *online*, abundante na forma de fóruns eletrônicos e *chats* da *web*, mas também em ferramentas digitais para comunicação instantânea. Na primeira metade dos anos 2000, essa tendência se consolida e vai resultar na internet de relacionamentos, de compartilhamento e de mídias sociais, de base *web* (Allen, 2013; Zimmer; Hoffmann, 2016), muito popular nesse período. O Orkut é de 2004, o YouTube é de 2005, o Twitter e a versão para todos do Facebook são de 2006, mas há já *sites* para redes sociais desde 1997 (como o Six Degrees.com) (Boyd; Ellison, 2007).

Do ponto de vista temático, a discussão sobre fundamentos conceituais, *a teoria da democracia eletrônica*, é o centro da atenção acadêmica ao impacto das tecnologias na democracia na maior parte do período. Nos dez anos entre 1995 e 2004, época de ouro da teoria da democracia digital, mais de dois terços de toda publicação adota uma abordagem teórica ou a incluem. Isso quer dizer, antes de tudo, que a maior parte dos estudos, mesmo daqueles destinados a análises de experimentos e à luta retórica por modelos preferidos de implementação de tecnologia na democracia, de uma forma ou de outra, tem de enfrentar, especulativamente, questões relacionadas às justificações dos impactos prováveis das mudanças tecnológicas na democracia. Afinal, mesmo retóricas e experimentos de democracia eletrônica têm de sustentar suas pretensões ante públicos céticos com respeito à ideia, eventualmente adversários dela ou das consequências que conseguem antever. Praticamente todo mundo que escreve no campo precisa ser um pouco teórico nesse período, mesmo quando a formação e a perspectiva não têm uma base conceitual consistente.

Nos anos anteriores, até metade da década de 1990, a abordagem teórica sobre por quês e para quês da teledemocracia assegura a possibilidade de sobrevivência do tema da democracia eletrônica. Depois de 2006, entretanto, a democracia digital foi desdobrada em subtemas, que prosperaram em todo o período e praticamente formaram áreas específicas. Cada um deles com teoria própria, experimentos e retóricas especificamente desenvolvidas e, como se verá depois, com a sua própria história.

Os principais subtemas da democracia digital — a participação, a esfera pública e a exclusão e, um pouco mais tarde, a transparência — aparecem no período em tela, mas até 2004 o tratamento conceitual da democracia digital predomina sobre todos os subtemas. Depois de 2004, há, de algum modo, uma inversão de tendência quando os outros temas da democracia digital, em seu conjunto, começam a predominar sobre a teoria geral da e-democracia, para enfim superá-la singularmente, entre 2006-2008 (Gráfico 3).

GRÁFICO 3
Atenção acadêmica aos subtemas da democracia digital por ano – 1996-2005

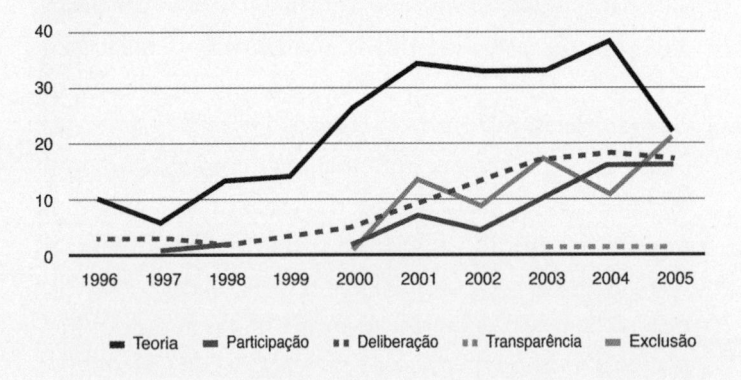

- Teoria
- Participação
- Deliberação
- Transparência
- Exclusão

Isso se explica por se tratar de um momento em que todos se fazem, explícita ou implicitamente, perguntas que solicitam respostas em termos de teoria política e teoria democrática. A pergunta inicial, da fase da teledemocracia, indagava por exemplo se as novas tecnologias de comunicação teriam um impacto importante na política, no governo e, sobretudo, na democracia. Debate que continuou, entre 1996 e 2005, por meio da discussão sobre as possibilidades e as características pró e antidemocráticas das tecnologias ou sobre a permeabilidades das democracias liberais às novas possibilidades trazidas pela tecnologia, por exemplo. E prosseguiu à medida que se desejava entender que tipo de democracia poderia emergir do impacto das novas tecnologias sobre o sistema político e os governos, bem como entender as interações entre ambos e a sociedade. Seguiram-se grandes debates sobre as funções democráticas que poderiam ser melhoradas (ou pioradas) pelas novas tecnologias, sobre se uma democracia eletrônica direta é possível ou desejável, sobre padrões democráticos resultantes, para o bem ou para mal, da aplicação de tecnologias. Por fim, surge a indagação sobre se o efeito das novas tecnologias sobre o sistema político, o governo e a sociedade produziria o modelo de democracia que desejamos ou de que precisamos.

Dos cinco grandes subtemas da democracia digital, apenas dois estavam realmente presentes na segunda metade da década de 1990: a teoria da e-democracia e a deliberação pública por meio digital. Embora e-participação já estivesse presente na fase anterior, nos projetos de implementação e na retórica, isso não logrou transformar-se em volume importante de bibliografia. Na verdade, juntamente com o tema da exclusão digital (*digital divide*), a e-participação é tipicamente um tema do século XXI, como se depreende do Gráfico 3.

Mas por que a e-deliberação é tão precoce em relação aos demais temas? Primeiramente convém dizer que, na verdade, trata-se aqui da junção de dois subtemas, próximos na sua origem intelectual, mas tratados de forma relativamente independente pelos autores: esfera pública e deliberação pública. O subtema da esfera pública, ou da "nova esfera pública *online*", deu seguimento às aplicações que eram feitas do conceito habermasiano de esfera pública, na área de comunicação política, ao universo das comunicações de massa. A ideia de nova esfera pública, agora não mais submetida aos limites da comunicação massiva tão criticados por Habermas nos anos 1960, baseava-se em uma representação da internet como um espaço livre para a conversação horizontal entre os cidadãos sobre os assuntos de interesse comum, e produziu um incremento considerável na introdução de questões de teoria democrática na avaliação da revolução digital. Desde a sua origem, a internet sempre foi adaptável a ferramentas e ambientes em que as pessoas podiam conversar umas com as outras, dispensando agora as mediações – e os constrangimentos – do jornalismo e da política, bem como os limites impostos pela necessidade de que todos os interlocutores estivessem presentes ao mesmo tempo no mesmo lugar, sem contar as vantagens dadas pelo anonimato, pela universalização dos contatos não mais restritos ao território, pela ausência de controle político, como se acreditava, da rede. A internet parecia, então, projetada com o propósito de implementar o ideal da esfera pública ou, no mínimo, de renovar as esperanças de revitalização da experiência da esfera pública (Calhoun, 1998; Carpignano, 1999; Poster, 1997; Schneider, 1996). Logo se multiplicaram as abordagens da internet a partir da ideia de esfera pública, principalmente por autores que atuavam na teoria política, na teoria democrática ou na área de comunicação, em um crescendo que atingiu o seu ápice no fim do período que estamos analisando (Brants, 2005; Dahlberg, 2001a, 2001b; Downey; Fenton, 2003; Gimmler, 2001; Muhlberger, 2005; Papacharissi, 2002; Stromer-Galley, 2003). Naturalmente, não faltaram os céticos (Dean, 2003), mas o clima dominante fazia com que os habermasianos da esfera pública realmente se sentissem em casa na democracia digital.

A esfera pública não foi o único dos temas habermasianos a se sentir à vontade na democracia digital nesse período. A teoria da deliberação foi outro dos temas muito frequentados entre 1996 e 2005. Há uma coincidência temporal que talvez explique esse fato curioso. Por essa época, houve o *boom* da *democracia deliberativa* em filosofia e teoria política. Filósofos e cientistas políticos como James Bohman (1996), Amy Gutmann (Gutmann; Thompson, 1996), Seyla Benhabib (1996) e John Dryzek (2000) publicaram então alguns dos livros mais importantes sobre democracia deliberativa, sem mencionar que nesse mesmo momento foi lançada nos EUA a tradução do livro *Faktizität und Geltung: Beiträge zur Diskurstheorie des Rechts und des demokratischen Rechtsstaates*[22], de Jürgen Habermas, que é a referência imediata dessa corrente de teoria democrática. Os estudos na área se multiplicaram nos anos seguintes, e as tentativas de verificar, na prática, como funcionaria a chamada deliberação pública, acompanharam o crescimento exponencial do campo, de forma que a popularização da internet pareceu uma oportunidade única para testar aplicações de democracia deliberativa (Buchstein, 1997; Coleman; Gøtze, 2001; Dahlberg, 2001c; Froomkin, 2003; Gastil, 2000; Graham; Witschge, 2003; Janssen; Kies, 2005; Maia, 2002; Trechsel *et al.*, 2004; Witschge, 2002). Até mesmo alguns teóricos desse modelo de democracia foram vistos indo a campo para discutir aplicações da deliberação pública no universo digital (Bohman, 2004; Chambers, 2005; Iyengar; Luskin; Fishkin, 2003; Schlosberg; Dryzek, 2002).

Na verdade, a abordagem do tema da discussão pública *online* fortemente marcada pela teoria democrática deriva de três fontes, todas com raízes em Habermas, embora não apenas nele:

a. da discussão sobre a esfera pública burguesa, em *Mudança estrutural da esfera pública* (Habermas, 1962);

b. da teoria da ética da argumentação, em *Consciência moral e agir comunicativo* (Habermas, 1983);
c. da teoria da democracia deliberativa formulada em *Direito e democracia* (Habermas, 1992).

O segundo desses temas desaguou no terceiro, mas é ele que dá origem às abordagens que até hoje procuraram testar a qualidade deliberativa das interações argumentativas *online*. De um modo ou de outro, o importante é que essa corrente possibilitou que o tema da discussão *online* fosse, para o tema da democracia digital depois de 1996, o que a teledemocracia representou para esse mesmo tema entre os anos de 1972 e 1995.

Já no início do século XXI, dois novos subtemas entraram em cena. Primeiro, o tema reconhecido pela expressão inglesa *digital divide*, que considera como questão democrática central as desigualdades políticas causadas pela exclusão digital de membros de uma dada sociedade ou pela desigualdade de acesso à tecnologia entre diferentes países e regiões. Nesse momento, a inserção digital de alguns e a exclusão digital de outros parece simplesmente reproduzir, e aguçar, o problema importante para a democracia contemporânea relacionado à desigualdade social, causado por inclusão social de uns e exclusão de outros. Sem igualdade política não há democracia, é simples assim. E se a exclusão digital torna ainda mais pobres partes da comunidade política e ainda mais vulneráveis certos países e regiões afetados por outras vulnerabilidades, é a democracia digital ainda democrática? A exclusão digital precisava, então, ser tratada ao menos como questão tão relevante quanto a exclusão social.

O tema já estava presente nos anos 1990, na retórica política e dos meios de comunicação, mas chega com consistência à produção acadêmica nos anos 2000 (Dewan; Riggins, 2005; Dimaggio; Hargittai, 2001; Hargittai, 2002; Jung; Qiu; Kim, 2001; Kennedy; Wellman; Klement, 2003; Norris, 2001; OECD, 2001; Servon, 2002; van Dijk, 2005; van Dijk; Hacker, 2003). Na verdade, o subtema cumpre um papel curioso na discussão sobre e-democracia, pois funciona como uma espécie de resistência constante e a contrapelo da própria área, em constante desafio à ideia de que pode haver, efetivamente, democracia digital. O subtema da desigualdade ou exclusão, para ficarmos na alegoria bíblica, é o próprio "espinho na carne" da ideia de democracia digital, não para negá-la, mas para ser a sua consciência moral a lembrar persistentemente que está ali e precisa ser considerada.

O tema da e-participação, por outro lado, é um caso à parte. Experimentos que envolvam participação dos cidadãos sempre acompanharam, *pari passu*, a ideia de democracia por meio da tecnologia. Em parte, porque naturalmente o conceito à sua origem, *participação política*, possui tal amplitude que, convenientemente explorado, pode englobar praticamente todas as funções que a tecnologia pode cumprir em favor da democracia: da interação entre governantes e governados aos registros de opinião, do televoto à discussão *online* entre cidadãos, da mobilização à manifestação política. Além disso, desde a origem da ideia sempre houve um vínculo claro entre o anseio de que as tecnologias pudessem melhorar as democracias e um diagnóstico altamente compartilhado de que há um consistente *déficit democrático* dos Estados liberal-democratas contemporâneos, déficit este profundamente relacionado com a diminuição da participação política dos cidadãos.

A corrente de teoria democrática chamada justamente de *democracia participativa* (Barber, 1984; Pateman, 1970) há muito tempo tem contribuído para disseminar a prescrição de mais participação civil como remédio para democracias que esvaziaram o conceito de soberania popular, que contam com baixo interesse e baixo índice de cooperação e com ainda menores cotas de capital social (Putnam, 2000) – mas com muita apatia e igual dose de cinismo – dos seus cidadãos. A participação política cidadã aparece, então, como o caminho para a "redemocratização das democracias". O discurso público sobre o fato de tecnologias da comunicação estarem vindo em socorro da democracia é, portanto, típico dos ambientes que partilham a ideia de que há um déficit democrático que só pode ser resolvido com mais participação (Gomes, 2005a, 2005b). E a democracia participativa é mais um dos pontos de contato entre teoria democrática e democracia digital.

Assim, embora tenhamos já publicações sobre e-participação nos anos 1970 (Doty; Zussman, 1975; Laudon, 1977), 1980 (Arterton, 1988; Mitropoulos, 1985) e 1990 (Streck, 1998; White, 1997), é nos anos 2000 que o tema efetivamente decola. E o faz com tal consistência que em 2016 as publicações sobre participação digital correspondem a 50% de tudo o que é produzido na área de e-democracia. Uma das razões do sucesso do subtema já se deixa claramente notar no período e consiste na pluralidade de experimentos, projetos e fenômenos abrigados no guarda-chuva da e-participação.

Nesses anos, fala-se de e-participação em geral, mas principalmente para:

- petições digitais (Macintosh; Malina; Farrell, 2002);
- orçamentos participativos, parcial ou integralmente *online* (Rios *et al.*, 2005; Roeder *et al.*, 2005);
- consultas públicas eletrônicas (Ainsworth, 2005; Pearce, 2001; Whyte; Macintosh, 2001);
- ferramentas de interação entre cidadãos e governos (Coleman; Hall; Howell, 2002; Jensen, 2003; Lotov, 2003);
- recursos de colaboração civil em processos decisórios relativos à regulamentação (Beierle, 2003; Brandon; Carlitz, 2002; Fountain, 2003b);
- tomada de decisão política em termos genéricos (Kersten, 2003; Macintosh, 2004);
- e, sobretudo, para o tema da moda no período, o voto eletrônico (Biasiotti; Nannucci, 2004; Chevret, 2003; Gibson, 2001; Houston *et al.*, 2005; Lauer, 2004; Oostveen; Van Den Besselaar, 2004; Smith; Macintosh, 2003).

Muitas e mui variadas coisas, portanto, se resolvem na expressão "e-participação", a esse ponto já consagrada e disseminada.

O impacto da tecnologia na democracia: a controvérsia dos efeitos

Do ponto de vista do tratamento teórico da democracia digital, esses são anos em que se enfrenta o problema da avaliação do impacto das tecnologias para produzir democracia. Questão vital, uma vez que da sua resposta depende a possibilidade de se continuar falando, com consistência, de democracia digital.

Nesse percurso, encontramos em primeiro lugar a percepção de que há considerável disputa e confusão no que diz respeito à estimativa da intensidade do impacto da tecnologia na democracia, de forma que muitos (ainda) se sentem bastante confortáveis para entender a democracia eletrônica "como algo a que se pode ser a favor ou contra"[23]. Pode-se ver muito e muito pouco na democracia eletrônica e pode-se ver coisas boas e coisas ruins no emprego de tecnologias, uma vez que no universo das comunicações digitais há muitas coisas diferentes a serem vistas e diferentes premissas que podem ser adotadas. O resultado? Para alguns, isso simplesmente quer dizer que o significado das novas tecnologias para a democracia "é pouco claro e é controverso"[24], que o vínculo direto entre novas tecnologias e democracia é "controverso, palpavelmente perigoso, se não inteiramente falso"[25], que os que querem compreender os prováveis efeitos das tecnologias da informação e comunicação sobre os processos democráticos "se encontram em um confuso emaranhado de proposições, muitas das quais contraditórias e todas inter-relacionadas de maneira não explicada"[26].

O que isso quer exatamente dizer, podemos entendê-lo examinando as listas de juízos contrastantes sobre os efeitos da tecnologia na democracia. Temos desde as estimativas modestas dos que veem a tecnologia como um complemento à democracia até argumentos ambiciosos dos que consideram que "os meios eletrônicos vencerão muitos dos problemas de escala que fizeram da democracia direta um ideal impraticável"[27], só para ficarmos em um exemplo. E temos, enfim, até quem sustente que a concepção mesma de democracia eletrônica é resultante de uma *colagem improvável*: "A ideia de democracia eletrônica ainda está em sua infância. Parece um coquetel explosivo, misturando uma dose de ágora ateniense, outra de Rousseau, batida com pedaços de Jefferson e Mill, e mais uma pitada de entusiasmo da ideologia californiana"[28]. Ou seja, acerca dos efeitos da tecnologia sobre a democracia se disse de tudo e mais um pouco.

Sobretudo é a lista de disparidades de temas e avaliações o que explica a tensão interna do conceito:

> Os temores da polarização social devido ao acesso desigual às TICs ou à crescente invasão do governo em nossas vidas privadas são contrapostos à promessa de rejuvenescida participação política engendrada por novos canais de comunicação. A visão de cidadãos fortalecidos pelo acesso onipresente a informações governamentais é moderada por advertências acerca da sobrecarga de informações.[29]

Ou, em outro rol:

> Os pesquisadores ligaram a ascensão da internet a uma maior capacitação do cidadão e ao reforço das divisões de poder existentes; ao aumento da fragmentação social e ao surgimento de novas formas de comunidade; a uma forma de revigorar o discurso democrático e à fúria *online* que envenena

o engajamento cívico; a uma nova era de ouro da democracia participativa e a ameaças de vigilância e controle cada vez maiores dos indivíduos; a uma era interativa da democracia que supera a apatia dos eleitores e a uma comercialização da vida política que torna secundárias as preocupações democráticas.[30]

Em suma, com a bibliografia à mão, somos forçados a concluir que praticamente tudo de bom e democrático e tudo de ruim, antissocial e antidemocrático pode ser feito por meio das comunicações digitais e dos ambientes digitais de comunicação.

Mas há até mesmo quem considere que não se trata de escolher entre notar isso ou destacar aquilo, mas de diferentes aspectos do mesmo fenômeno, e que, a rigor, a democracia eletrônica tem mesmo pelo menos três faces, cada uma das quais "reflete um aspecto diferente do fenômeno político impulsionado pelas TICs e implica uma visão distinta do processo democrático"[31].

- A primeira face comportaria tudo aquilo que a tecnologia faz para remediar a crise da democracia: melhora – em custos, mobilização, articulação, comunicação interna, construção de redes internacionais – na dinâmica das organizações políticas e na prestação de serviços públicos *online* e facilitação da participação política, da mobilização social e do engajamento cívico.
- A segunda face comportaria, por sua vez, o que a democracia eletrônica faria, segundo os seus críticos, para estimular a crise democrática: a

insistência no plebiscitarismo que enfraquece a cidadania e o aumento da estratificação social e das estruturas de poder em virtude da exclusão digital.

- A terceira face da aplicação da tecnologia à democracia é a constatação da sua própria irrelevância, provocada pelo fato de que o que se vê *online* é a comercialização da internet, e mudanças cosméticas na espetacularização da política, não mudanças fundamentais. No dizer de Porebski: "Após a década da revolução da informação, experimentamos exatamente os mesmos problemas de democracia que tínhamos nos tempos pré-computadores. Novos odres não podem mudar o sabor de um vinho velho". E conclui, com pessimismo, sobre a impossibilidade de reduzir a controvérsia sobre o significado da democracia digital: "Não é muito provável que, no futuro próximo, apareça uma perspectiva incontestável sobre o impacto da democracia eletrônica sobre a política"[32].

Uma abordagem algo diferente é a de alguns autores que defendem que uma decisão sobre o que as tecnologias podem oferecer à democracia depende de decisões sobre a própria democracia. Para alguns, por exemplo, a incerteza quanto ao alcance democrático da tecnologia deve ser creditada à ausência de uma decisão, prévia, sobre a ideia de democracia presente nas aspirações dos diferentes projetos e teorias da democracia eletrônica. Segundo Benjamin Barber, por exemplo, é igualmente plausível pensar que a tecnologia seja tanto um empecilho no caminho da democracia quanto uma melhora na qualidade da comunidade política, a depender, naturalmente, da resposta à pergunta sobre o que a democracia representa para nós. "Em outras palavras", diz, "resulta que não existe uma resposta simples ou geral à questão 'a tecnologia está democratizando?' enquanto não esclarecermos que tipo de democracia é a que temos em mente"[33].

Diante desse quadro, algumas soluções se apresentam. E também aqui há diferenças. Temos desde autores que parecem sugerir que a face luminosa e as faces medonhas do impacto da tecnologia sobre a democracia não são circunstanciais nem provisórias, até os demandantes por "modelos de democracia" como Benjamin Barber e Jan van Dijk, para os quais a decisão sobre que modelo adotar permitiria que o campo se tornasse menos ambíguo. Tem quem ache que a democracia eletrônica está apenas na infância e que é preciso dar tempo ao tempo para ver se ela consegue materializar em sistemas práticos a transformação da utópica "democracia forte"[34], e quem ache que talvez se deva até mesmo abandonar expressões confusas como "democracia eletrônica", substituindo-as por designações mais precisas como "mobilização eletrônica", "participação eletrônica" ou "votação eletrônica", que, desobstruídas das conotações e confusões da primeira, poderiam permitir que um debate mais tranquilo "sobre as consequências políticas das novas tecnologias seja mais racional e substancial"[35].

A estimativa – e o prognóstico – da intensidade de efeitos não progride historicamente. Na verdade, desde os anos 1980 até hoje, há defensores de efeitos fracos, complementares ou incrementais. Naturalmente, é bom ter presente que a estimativa de baixo impacto pode estar correlacionada menos a uma subestimativa dos efeitos exercidos pela tecnologia na democracia e mais ao contraste entre a influência que se percebe e a influência que se esperava. Assim, autores que descrevem impactos consideráveis de experimentos podem, ainda assim, ver-se frustrados em suas altíssimas expectativas, uma vez que o efeito lhes parece muito menor do que o esperado. Convém, portanto, não conferir normatividade às estimativas de efeito, para além dos argumentos apresentados.

Dois pontos de partida diferentes, por exemplo, podem nos levar a uma definição baseada em desapontamento. Arterton, por exemplo, entusiasta dos projetos de teledemocracia, talvez em virtude de altas expectativas ou quem sabe porque lidou com um montante considerável de crítica acadêmica à democracia eletrônica, conforma-se com um argumento ao estilo "na melhor das hipóteses": "Na melhor das hipóteses, a mudança pode levar a um revigoramento de processos representativos facilitados pelos meios de comunicação"[36]. H. Buchstein, por sua vez, um crítico até mesmo das posições moderadas sobre os efeitos pró-democracia da internet, conclui com a mesma retórica: "Na melhor das hipóteses, a internet suplementaria as instituições políticas já existentes"[37].

Os argumentos da *suplementação* e da *melhora incremental* (ou *revigoramento*) da democracia por meio da tecnologia são o modelo preferido da perspectiva de efeitos fracos. Os efeitos são fracos por algumas razões. Uma delas se prende ao fato de que a resistência a mudanças profundas é da natureza das instituições políticas no estágio em que estas se encontram. John Nugent é dessa opinião.

Para ele, vale a regra geral segundo a qual uma nova tecnologia ou meio de comunicação (e ele tem em mente nada menos que a internet) tem maior probabilidade de refletir ou complementar a ordem política do que de modificá-la.

> Apesar de toda a sua importância, a internet não recriou a paisagem política americana. Como outros meios de comunicação, complementou o mundo em que foi criada, e suas implicações políticas devem ser consideradas no contexto desse mundo. [...] a principal razão pela qual a tecnologia não está à altura de tais predições audaciosas é que a participação política e o processo governamental são estruturados por instituições e processos estabelecidos por constituições estaduais e federais, que são bastante resistentes à mudança.[38]

A e-democracia, como ele a define, "refere-se a processos realizados *online* – comunicar-se com os outros cidadãos e com representantes eleitos sobre política, por exemplo", mas também a novas maneiras de o cidadão manter-se informado e/ou de participar politicamente. Mas, conclui, uma nova maneira de conseguir informação ou de se comunicar com as autoridades eleitas não muda o modo como se dá o processo legislativo, por exemplo, inteiramente fechado à participação dos cidadãos.

Na literatura do período, a relevância do impacto da tecnologia na democracia está correlacionada ao que pode estar incluído no conceito. A democracia digital consiste em formas de comunicação com representantes eleitos e de se conseguir informação política? Então tem efeito mínimo sobre o sistema. É uma forma eficaz de sondagem da opinião pública capaz de influenciar os tomadores de decisão? O nível de efetividade aumenta. Mas, em geral, aqueles que veem pouco efeito não estão dispostos a conceder muito em termos das funções pró-democracia da tecnologia. Se a democracia digital é usada "para se referir ao uso de tecnologias de informação e comunicação (TICs) para conectar políticos e cidadãos por meio de informações, votação, sondagem de opinião ou discussão"[39], o seu impacto estimado é maior, porque o espectro do seu alcance é mais amplo. Mas, se a referência é distribuída no varejo democrático entre fortalecimento da participação política, o crescente papel dos plebiscitos e debates *online* na tomada de decisões ou simplesmente qualquer uso de computadores e redes de computadores para a realização dos processos democráticos básicos, é preciso ver o peso que damos a cada um desses elementos. Se a sua referência, por fim, são "a racionalização da organização governamental, a melhoria dos processos políticos, a restauração do primado do parlamento e do conselho da cidade, a abertura de sistemas de informação pública anteriormente acessíveis apenas para funcionários públicos e a imprensa, de forma a melhorar o papel do cidadão como eleitor", neste caso, há impacto considerável. Mas ainda é utilizada "principalmente de forma instrumental, como um extra tecnológico que ajuda a melhorar e aperfeiçoar a democracia representativa existente"[40].

Em sentido contrário, contudo, a maior parte dos autores do período e do decênio seguinte tem insistido em expectativas muito altas a respeito da influência das tecnologias sobre a democracia. Expressões como "forma radicalmente nova de prática democrática modificada por novas tecnologias" e "democracia substancialmente alterada pela tecnologia"[41], ou as convicções de que "essas novas tecnologias da comunicação não apenas afetarão a democracia, vão transformá-la"[42], de que "as TICs modernas são absolutamente essenciais para ajudar as democracias a se transformarem em democracias fortes ou a alçarem uma etapa mais participativa da evolução democrática"[43], refletem claramente essa mentalidade, ainda que com um pouco de exagero retórico.

As abordagens da teoria da democracia eletrônica que adotam uma perspectiva de efeitos fortes da tecnologia sobre a democracia concentram-se na distinção entre funções secundárias ou convencionais da influência da tecnologia nas instituições políticas e funções substanciais e consistentes. Então, tudo vai depender de como se avaliam o que impacta ou impactaria profundamente um sistema democrático e o que teria sobre ele um efeito secundário, o que, diga-se de passagem, é ainda terreno para eventuais divergências. Mas, em geral, aos teóricos da e-democracia ela parece menos relevante quando as tecnologias são usadas para fazer "a política como sempre" do que quando, por exemplo, produzem formas intensas, que dificilmente poderiam ser conseguidas de outro modo, de transparência pública. É menos relevante, acreditam, a mera digitalização de serviços públicos, orientada para baratear custos e facilitar o trabalho da burocracia estatal, do que uma nova era de prestação de serviços públicos *online*, orientada pelos interesses da cidadania.

A fase dos modelos de democracia

No subcampo da teoria da democracia digital, a discussão dominante nesses anos concentrou-se em torno da querela sobre os modelos de democracia. A discussão conceitual sobre democracia eletrônica se processou, sob muitos aspectos, em considerável correlação com os desdobramentos em teoria democrática. A questão dos "modelos de democracia" é um desses pontos fortes de interação, a partir sobretudo de duas obras cuja influência se fez notar principalmente nos anos 1990 e 2000. Refiro-me a *Strong Democracy*, de Benjamin Barber (1984), e a *Modelos de democracia*, de David Held (1987), dois livros de teoria democrática que elaboraram tipologias da democracia muito bem-sucedidas para o fim de capacitar o olhar das pessoas a interpretar e comparar padrões democráticos no tempo e no espaço.

O próprio Barber tratou do tema da democracia eletrônica, embora o seu horizonte de referência se restrinja basicamente ao padrão de experimentos e à onda retórica associados aos projetos de teledemocracia. Em nome da sua visão de que uma democracia verdadeira precisa ser forte, densa, e não fraca e delgada, o autor sempre pareceu muito desconfortável com a ideia de que as tecnologias de telecomunicação representassem um novo estágio na democracia global. Bem, antes de tudo convém esclarecer que, em sua opinião, há, sim, um potencial democrático nas inovações em tecnologias da comunicação que merece ser explorado, bem como há possibilidades que nelas se oferecem, para republicanos cívicos e até para quem defende um conceito exigente de democracia, "de fortalecer a educação cidadã e melhorar a comunicação deliberativa e direta entre os cidadãos"[44].

O que o incomoda é o fato de "tecnoentusiastas" defenderem que, com as novas tecnologias da comunicação, podemos superar todos os déficits de comunicação e de democracia do nosso sistema político, apenas tendo para demonstrar essa pretensão sistemas eletrônicos plebiscitários e melhora na obtenção de informação. Não é verdade, diz. Uma cultura política baseada em um modelo de democracia pouco consistente não deve ser a mais propícia para determinismos democráticos, ainda mais pró-democráticos. De forma que "mesmo onde se pode demonstrar que a tecnologia mantém inerentemente a promessa de potencial cívico e democrático, não é provável que reflita a versão delgada, representativa e alienante da democracia que atualmente domina o pensamento político?", indaga, cético[45].

Não é que a tecnologia se encaminhe deterministicamente para produzir democracias fracas, finas, em vez de gerar uma democracia consistente, participativa, forte. O que Barber afirma é que, dada uma cultura de democracia fraca, a não ser que seja manifesta a vontade de encaminhar as tecnologias para que produzam um "sistema cívico robusto e mais baseado em participação popular", o resultado pode ser a produção "da mesma incivilidade e cinismo que caracteriza a política baseada nas tecnologias mais velhas de comunicação, como rádio e cinema"[46]. Tome-se, por exemplo, a interatividade, a capacidade de conectar pessoas e de permitir reciprocidade entre elas, que todos reconhecem ser inerente às novas tecnologias. O potencial que têm tecnologias interativas de produzir deliberação pública e interação entre cidadãos e entre cidadãos e governantes é evidente, mas, por si só, tecnologias interativas não vão resolver o fato de que o sistema político é crescentemente impermeável à vontade popular e fechado à participação cidadã. A questão mais importante, porém, diz respeito a que tipo de democracia pode emergir do emprego das novas tecnologias de telecomunicações. Para o nosso autor é claro: quem quiser falar de democracia eletrônica deve primeiro dizer que tipo ou definição de democracia tem em mente. Uma pergunta que exige de quem a responda que se posicione acerca da democracia real e do seu modelo ideal de democracia e partir daí julgue o que pode ou não ser oferecido pelas tecnologias eletrônicas da comunicação.

Adotando uma perspectiva parecida, Scott London, em *paper* de 1995, elabora uma contraposição entre os modelos da teledemocracia e da democracia deliberativa. Sobre o que, segundo o autor, são "dois modelos de conversação pública". Parece exagerado contrapor um conjunto de experimentos e algumas reivindicações, mais retóricas que teóricas, envolvendo o impacto de tecnologias na democracia com uma corrente, altamente elaborada em nível conceitual, de teoria democrática, mas, como a democracia deliberativa também foi uma inspiração consistente para experimentações (e retóricas) em democracia digital, a comparação tem alguma rentabilidade.

Para ele, as justificativas dos dois modelos baseiam-se em premissas distintas. A teledemocracia seria baseada em abordagens que em teoria política são conhecidas como *escolha racional, liberalismo negativo* ou *lógica da ação coletiva*, entende o mundo político como um mercado livre em que interesses competem e conflitam e, acrescento, valoriza mais o fato de haver canais de expressão da opinião do que o modo como ela é produzida. Por seu lado, a democracia deliberativa considera que a vontade política não pode simplesmente emergir do atrito de interesses preestabelecidos, mas da discussão racional sobre questões acerca do bem comum (London, 1995). A tabela a seguir resume a contraposição proposta por London. Naturalmente, o lado do autor já está escolhido.

TABELA 2
Teledemocracia vs. democracia deliberativa

Teledemocracia	Democracia deliberativa
Opinião pública e *feedback* dos cidadãos são essenciais para a boa governança.	Opiniões agregadas não constituem um juízo público.
O discurso público dinâmico promove um saudável mercado de ideias.	Verdades políticas emergem de deliberação pública, não da competição de ideias.
A conversação política efetiva é vertical – entre cidadãos e quem decide as políticas públicas.	A conversação política mais efetiva é lateral – entre cidadãos.
Com novas tecnologias, os cidadãos podem se governar.	O autogoverno requer tomada coletiva de decisão – portanto, mecanismos de diálogo e colaboração.
A velocidade das novas tecnologias pode melhorar a democracia.	A velocidade é inimiga da deliberação pública.
A liberdade de expressão é a pedra angular da democracia.	A democracia se funda no princípio do diálogo, não do monólogo.
A participação pública precisa aumentar.	A qualidade, não a quantidade, é a medida da participação democrática.

| Os cidadãos precisam de acesso igualitário à informação. | A informação, normalmente vista como precondição do debate, será mais bem entendida como seu subproduto. |

Fonte: Scott London, "Teledemocracy vs. Deliberative Democracy: A Comparative Look at Two Models of Public Talk", *Journal of Interpersonal Computing and Technology*, v. 3, n. 2, pp. 33-55, 1995.

Já o neerlandês Jan van Dijk adota uma perspectiva inteiramente diferente. O nosso autor sustenta também que pode haver um vínculo entre concepção de democracia e o juízo sobre a contribuição das TICs para o sistema político em geral e para a democracia em particular. Mas, à diferença de Barber e London, não o faz a partir de uma contraposição binária entre padrões democráticos nem para dizer que só se podem avaliar os efeitos pró-democracia dos meios eletrônicos à luz de uma concepção de democracia. Van Dijk parte de outras premissas, inclusive da convicção de que as tecnologias da informação e da comunicação impactam positivamente a democracia sob vários aspectos. As concepções de democracia devem entrar em questão, isso sim, para evitar a abordagem "tudo ou nada" que havia perdurado por duas décadas na retórica sobre o tema, na forma da contraposição *ou democracia direta ou democracia representativa*. Em sua opinião, se algo ficou claro nesse longo debate, foi, em primeiro lugar, a convicção de que "as concepções da democracia são muito mais complicadas do que um simples dualismo entre democracia direta e representativa"[47].

Além disso, admite van Dijk, na metade dos anos 1990 não se está mais em uma fase em que a decisão sobre as interações entre democracia e novas tecnologias dependam apenas de retórica e teoria: as TICs alcançaram um nível de maturidade consideravelmente avançado e foram assimiladas às práticas cotidianas do sistema político; não são mais apenas vistas como possibilidades projetadas no futuro. Por isso é possível, então, trabalhar com um olho nas concepções de democracia e outro nas aplicações de TICs no sistema político, de forma que se pode plausivelmente conectar diferentes concepções de democracia a aplicações e soluções tecnológicas que podem ser implementadas nas democracias reais. Por isso, em mais de uma reformulação (1996, 2000, 2012), ele tenta traçar paralelos entre os modelos de democracia e as aplicações e funções da democracia eletrônica que lhes são mais adequados. Em suas sucessivas reelaborações, van Dijk fica entre cinco e seis visões de democracia eletrônica, subdivididas entre perspectivas centradas no governo (modelos de democracia legalista e competitiva) e perspectivas centradas no cidadão (modelos de democracia plebiscitária, pluralista, participativa e libertária).

Primeiro, há o modelo de *democracia legalista*, que é o modelo clássico da democracia liberal: procedimentalista (democracia tem a ver com as regras do jogo e não com o resultado das decisões), baseado em governo representativo, separação de poderes, sistemas de pesos e contrapesos, direitos e garantias fundamentais para proteger a liberdade dos indivíduos do poder autoritário, regra da maioria, sufrágio universal. Democracia direta e populismo são rejeitados e temidos. O déficit democrático fundamental na implementação do modelo tem a ver com o baixo suprimento da informação necessária para a orientação e decisão dos cidadãos.

Assim, seguindo o modelo legalista, as TICs são projetadas e usadas como meio de eliminar a escassez de informação e reforçar o sistema político atual por meio de formas mais efetivas e eficientes de processamento e organização de informações. As TICs também são aplicadas para aumentar a transparência do sistema político.[48]

O meio ou ferramenta de comunicação preferido do modelo é aquele que resolve duas funções: a) fornecer mais e melhor informação; b) prover interação para que governos representativos se tornem mais abertos e mais capazes de responder às pessoas.

A *democracia competitiva* é uma versão do mesmo padrão liberal-democrático, apenas com uma ênfase muito forte na ideia de que a democracia, ao fim e ao cabo, é principalmente um meio de seleção de líderes. A eleição de representantes acaba por ser colocada no centro das preocupações democráticas e "a política deve ser vista como uma eterna competição entre os partidos e os seus líderes pelo apoio do público eleitoral"[49]. Nesse modelo, as TICs servem à democracia enquanto se prestam ao fim de facilitar e qualificar eleições e campanhas e atuar na distribuição e organização, geral e segmentada, de todas as informações necessárias para uma decisão eleitoral qualificada. Além disso, o uso de tecnologias para prover a eficiência do governo não deixa de ter impacto sobre a democracia.

A *democracia plebiscitária*, ao contrário dos outros modelos, que fazem parte da tipologia proposta por Held, é um modelo gerado especificamente por van Dijk para dar conta da visão de democracia pressuposta nas aplicações de teledemocracia. Nesse construto, canais de comunicação direta entre líderes políticos e cidadãos levam à ampliação da voz da cidadania em políticas públicas. Valoriza-se, portanto, a democracia direta como forma de tomada de decisão e a auscultação sempre que possível da posição individual de cada cidadão, por meio de plebiscitos. Nesse modelo, a função tecnológica mais importante para a democracia são, portanto, os sistemas de registro de votos e opiniões. As primeiras aplicações de teledemocracia foram configuradas para atender a demandas provenientes desse modelo que, entre outras coisas, teve como efeito o renascimento de perspectivas plebiscitárias nos Estados Unidos[50].

A *democracia pluralista*, em conformidade com o nome, se opõe a modelos de democracia baseados na centralização da decisão política e em monopolização do poder, que resultam ou da crença de que a democracia é fundamentalmente um método em que muitos selecionam os poucos que os lideram, ou da convicção de que a distribuição da representação seja estritamente hierárquica e piramidal. Ao contrário, a vida pública mais saudável democraticamente é mais horizontal que vertical, com os cidadãos engajados em associações e organizações da sociedade civil, forçados a cooperar e a negociar na resolução dos próprios problemas. E os sistemas políticos consistem em vários grupos de interesse e de pressão e em partidos políticos que formam múltiplos centros minoritários de poder. Em uma perspectiva assim desenhada, as TICs podem servir a duas funções. "Primeiro, a multiplicação de canais e meios autônomos que apoiem a potencial pluriformidade da informação política e da discussão." De modo tal que praticamente todas as perspectivas e todas as organizações possam ter assegurada a possibilidade de expressar a própria posição. "Em segundo lugar, o avanço das redes de comunicação interativas, em contraste com a alocução da radiodifusão, adéqua-se perfeitamente a uma concepção de política em rede."[51]

A *democracia participativa* enfatiza a contribuição dos cidadãos para a comunidade política, por meio da ativa intervenção política em todas as fases do processo democrático, da formulação dos problemas sociais até a elaboração e implementação de políticas públicas. A democracia participativa simplesmente requer que se reserve espaço para a intervenção e a cooperação dos cidadãos em todos os âmbitos em que o poder político for exercido em nome do povo. O modelo, por outro lado, repete o viés individualista presente em outras concepções de democracia, assim como, por consequência, métodos de aferição da vontade do povo por meio da agregação de interesses individuais. A figura do cidadão informado é peça-chave dessa perspectiva. No que tange às funções tecnológicas, preferem-se aquelas "capazes de informar e ativar a cidadania". Sob duas condições: a) projetos e implementações devem incluir todos e não apenas contar com a participação da elite da informação; b) o projeto deve favorecer instrumentos de discussão[52].

A *concepção libertária* de democracia foi o último modelo introduzido por van Dijk (2000; 2012), mas se refere a uma perspectiva muito difundida entre os primeiros defensores da democracia no ciberespaço. Antiestatistas por excelência e defensores radicais da liberdade e autodeterminação dos indivíduos, incluída aqui a sua inviolável privacidade, os libertários aceitam qualquer coisa que não viole (ou que promova) os seus valores, inclusive a liberdade de experimentar com tecnologias eletrônicas. Com efeito, entre os que primeiro adotaram as tecnologias eletrônicas e a internet estão os defensores da independência e autonomia do ciberespaço e das novas fronteiras eletrônicas (Barlow, 1995; 1996). O quer que afirme a liberdade dos indivíduos, da comunidade e das sociedades sobre Estados, governos, sistemas políticos e corporações tem endosso do libertarismo.

A conclusão de Jan van Dijk, depois de declarar que há democracia eletrônica para praticamente todos os gostos, é certamente pelo ecletismo: "O impasse entre os defensores dos modelos de democracia não pode ser resolvido: a única solução à vista é que se chegue a compromissos", diz. A sugestão do autor é que os compromissos que envolvam todos os modelos de democracia eletrônica incluam a introdução universal de três metas importantes: "(1) um governo que responda mais aos cidadãos, (2) um melhor fornecimento de informações em ambos os sentidos – o governo e a administração pública, de um lado, e os cidadãos, de outro – e (3) um sistema político mais transparente"[53].

Outra interessante tipologia é a proposta por Roger Hurwitz (1999), do Massachusetts Institute of Technology (MIT), baseada em três modelos – ou padrões – que ele acredita serem comumente encontrados na história da democracia: *partidário, deliberativo* e *monitorial*.

Na *democracia partidária,* "partidos organizam atividades políticas principalmente para que seus candidatos sejam eleitos e depois tenham seus projetos adotados, se tiverem algum", enquanto na democracia deliberativa os propositores "organizam-se em torno de questões e convocam as pessoas enquanto cidadãos concernidos para que expressem suas opiniões aos tomadores de decisão". Por fim, no modelo de monitoramento, "a política ganha vida quando há grande insatisfação com um estado presente de coisas e se manifesta em movimentos de protesto *ad hoc*, muitas vezes dirigidos a autoridades eleitas"[54].

Para o modelo da *democracia deliberativa* interessam particularmente salas de bate-papo (estamos em 1999), fóruns e outros dispositivos para conversação, instrumentos por meio dos quais explora a disponibilidade de informação e o eventual acesso *online* a autoridades. Já a presença *online* de partidos, candidatos e campanhas serve ao modelo de *democracia partidária*. O *modelo monitorial* se reflete no uso de *lobbies*, campanhas para petições e abaixo-assinados, encontros para protestos e mobilização, que são a forma de os cidadãos reagirem ante crises ou ante a percepção de problemas sociais urgentes. Porque forma comunidades de interesses que transcendem os óbices de tempo, espaço e a necessidade de apresentação formal dos participantes, a internet seria uma ferramenta poderosa para esse tipo de ação democrática, segundo Hurwitz[55].

Baseada em uma perspectiva muito diferente é a tipologia proposta por Lincoln Dahlberg, então professor na Nova Zelândia. Dahlberg é um leitor de Jürgen Habermas e reflete uma das influências mais antigas na subárea da democracia digital, situadas ao redor da obra de Habermas, particularmente *Mudança estrutural da esfera pública* e *Direito e democracia*, e dos habermasianos da democracia deliberativa. Em comum com as classificações precedentes, há a premissa de que as perspectivas descritas na tipologia devem dar conta de discursos e práticas (projetos políticos *online* e experimentos com democracia na internet), além de modelos teóricos. É assim que Dahlberg identifica os três campos dominantes no âmbito da democracia eletrônica. Em primeiro lugar, "um campo comunitário, que enfatiza a possibilidade de a internet aumentar o espírito e os valores comunitários"; depois, um "campo liberal-individualista, que vê a internet como uma ajuda à expressão de interesses individuais". Por fim, o campo deliberativo, que apresenta sob uma luz positiva a internet "como um meio para a expansão de uma esfera pública do discurso cidadão racional-crítico – discurso autônomo ante o poder estatal e corporativo, por meio do qual se pode formar a opinião pública que pode responsabilizar as autoridades que tomam as decisões"[56].

É possível identificar o propósito do autor com a sua tipologia em três categorias. Os dois primeiros campos representam dois dos pontos de vistas pioneiros na retórica sobre a internet: o *comunitarismo* dos precursores das comunidades virtuais e do uso da internet para uma democracia baseada em capital social e integração comunitária (Rheingold, 1993) e a *perspectiva da teledemocracia*, com sua forte ênfase na provisão de informações e em interações diretas entre cidadãos e tomadores de decisão, presumindo um cidadão político pronto e decidido que precisa apenas de uma quantidade adequada de informação e de canais de expressão para, então, tomar decisões apropriadas. Com isso, Dahlberg *reservou espaço para acomodar a perspectiva deliberativa de matriz habermasiana*, que tanto recusa a ideia comunitarista de que a internet serve basicamente para a "expressão pré-discursiva de valores compartilhados"[57] quanto refuta o liberal-individualismo para o qual a internet serviria basicamente para canalizar interesses individuais, também estabelecidos fora das discussões horizontais entre cidadãos. À diferença de tais perspectivas, os "democratas deliberativos argumentam que um modelo de democracia 'forte' exige uma esfera pública baseada em discussão crítico-racional". Ou que "uma deliberação respeitosa e reflexiva é exigida" para que os indivíduos sejam transformados em cidadãos publicamente orientados e para que possa se desenvolver, enfim, uma opinião pública capaz de "alimentar os processos formais de tomada de decisão"[58].

O cientista político sueco Joachim Åström (2001), por sua vez, partiu da taxonomia binária de Barber e acrescentou uma terceira categoria, formulando três modelos de e-democracia: *quick*, *strong* e *thin democracy*.

TABELA 3
Dimensões centrais da democracia segundo Åström

	Quick democracy	Strong democracy	Thin democracy
Propósito	Poder para o povo	Consenso	Eficiência/ escolha
Base da legitimidade	Princípio da maioria	Debate público	*Accountability*
Papel dos cidadãos	Tomador de decisão	Formador de opinião	Cliente
Mandato do eleito	Vinculado	Interativo	Aberto
Foco do uso da TIC	Decisões	Discussões	Informação

Fonte: Joachim Åström, "Should Democracy Online Be Quick, Strong, or Thin?", *Communications of the ACM*, v. 44, n. 1, 1 jan. 2001.

A *democracia rápida* representa, para Åström, uma posição possível no debate sobre democracia eletrônica. Como outros modelos, considera positivo um incremento significativo na participação direta dos cidadãos na tomada de decisão política e requer uma cidadania ativa. O modelo representativo é visto como uma necessidade prática ou como um mal necessário, a ser evitado quando possível, inclusive por meio das possibilidades oferecidas pelas TICs.

"Os defensores radicais desse modelo veem as TICs como os meios decisivos pelo quais a democracia direta ao estilo ateniense pode ser implementada na sociedade de hoje", segundo Åström. E acrescenta: "Mediante redes de computadores, as visões e opiniões dos indivíduos podem ser solicitadas, registradas, armazenadas e comunicadas, de modo que a democracia direta pode ser implementada não só em nível local como em nível nacional e internacional". Assim, a democracia representativa seria, então, "substituída por cibercidadãos independentes que atuam de forma responsável na ágora eletrônica, sem que nenhum político atue como intermediário e guardião"[59].

Os proponentes menos radicais, por sua vez, não desejam a abolição completa do sistema representativo, mas o "querem remontar e revitalizar com elementos diretos". Há quem pense em um governo baseado em partido político e escolhido em eleições, mas que faria funcionar uma espécie de democracia direta, "submetendo importantes projetos de lei e outras decisões políticas ao voto popular, exatamente como estes são submetidos ao voto legislativo em democracias representativas"[60]. E há até mesmo quem imagine simplesmente o uso consultivo de sondagens de opinião por meio de tecnologia.

Diferentemente de outros modelos, com que compartilha a convicção da importância da participação civil, na democracia rápida se deseja "aumentar a velocidade dos processos de tomada de decisão". Como? Por meio de todas as formas que permitam a aferição rápida da vontade da maioria, através de votação ou outros meios de sondagem de opinião mediados por tecnologia. Estaria o cidadão habilitado para tanto? Aparentemente, não há dúvida: "Nesta visão, presume-se que todos os cidadãos tenham pelo menos a mesma quantidade de sabedoria que a elite"[61]. Como se vê, a democracia rápida é a forma encontrada por Åström para, de algum modo, reabilitar o tão criticado majoritarismo plebiscitário da teledemocracia.

A *democracia forte*, já conhecida, é descrita como participativa, mas, sobretudo, deliberativa. Teria surgido como um contramodelo, para contrastar com a democracia débil e fina do padrão dominante nos Estados de democracia liberal, que requerem participação civil apenas basicamente nos episódios eleitorais e que blindam e isolam os tomadores de decisão política da esfera da cidadania. A democracia forte requer mais legitimidade na decisão política do que aquela conferida pela eleição de representantes, mas tampouco considera que a vontade predeterminada e não deliberada dos indivíduos possa conferir a legitimidade necessária ao sistema. A única fonte adequada de legitimidade democrática seria o processo de formação da vontade e da opinião política por meio de deliberação.

Como a democracia rápida, a versão forte presume uma cidadania ativa, que age em questões de interesse comum, mas, diferentemente da primeira, a democracia forte quer "diminuir a velocidade" da tomada de decisão, "por meio do envolvimento das pessoas nos processos de discussão e deliberação"[62]. Os fóruns eletrônicos parecem apropriados para isso. Há, neste modelo, simpatia por elementos de democracia direta, mas com cautelas, uma vez que há aqui algum ceticismo a respeito da *"raw public opinion"*, a opinião pública bruta, integral, mas ainda não tratada e refinada. Na perspectiva de Åström, portanto, a democracia forte reprovaria muita coisa da democracia rápida. Ademais, considera precipitado o ritmo que esta propõe de tomada de decisão e considera uma ilusão achar que há opinião qualificada, acerca de problemas sociais complexos, simplesmente pronta e disponível para ser automática e facilmente coletada por meios eletrônicos. "A votação e a sondagem devem ser baseadas em deliberação, e os cidadãos devem ser esclarecidos por meio de informações, discussões e debates."[63]

A *democracia fina*, o terceiro modelo, é pouco interessada no aumento da participação civil, uma vez que o cidadão comum é considerado "desinteressado em política e não qualificado para a participação". A democracia tem basicamente a ver com a escolha de líderes em eleições abertas e com base em seus programas. A base de legitimidade de quem governa se resolve com *accountability*. O papel das tecnologias neste modelo consiste em serem meios através dos quais as organizações difundem informações e obtêm apoio, instrumentos para facilitar o trabalho dos representantes e, por fim, canais para a prestação de serviços públicos[64].

Mas, afinal, o que se pretendia com a controvérsia dos modelos de democracia e, por consequência, de e-democracia? Em primeiro lugar, resolver o impasse que a polêmica em torno da teledemocracia levou à área. As pessoas que planejaram e executaram os primeiros projetos eram ativistas da chamada New Left (Tsagarousianou, 1999), que acabaram *por ser flanqueados à direita e à esquerda*.

À direita pelos defensores do padrão estrito da democracia representativa, o que comporta, tradicionalmente, sobretudo naquele momento, uma considerável desconfiança quanto ao valor do aporte à decisão política trazido pelas pessoas comuns. Uma vez considerado que os cidadãos são pouco racionais e menos ainda interessados em assuntos públicos (*public affairs*), e, portanto, dificilmente alcançariam aquilo que Robert Dahl chama de uma "compreensão adequada" das questões políticas, dar maior peso ao cidadão comum no processo de tomada de decisão política não é exatamente o que, nesta perspectiva, se poderia entender como requalificação da democracia. Parece justamente o contrário, isto é, um perigoso populismo tecnológico.

O flanco esquerdo é ocupado pela perspectiva da democracia forte, simpática a qualquer perspectiva de democracia direta ou participativa, desconfiada, isso sim, do governo representativo e da democracia anêmica que oferece. A dimensão anticapitalista da perspectiva mais à esquerda acende um alerta contra a televotação, mas as suspeitas maiores (apresentadas anteriormente) atacam a modalidade de apuração da vontade dos cidadãos por meio dos artifícios da tecnologia, sem interação qualificada, sem participação suficiente, sem esclarecimento aprofundado.

As formulações dos modelos de democracia têm dois propósitos. O propósito de Barber e London é o de continuar o assédio à teledemocracia em uma contraposição binária entre uma posição adequada, a nossa, e a posição equivocada, a deles. Mas o propósito mais comum, presente nos demais autores, foi romper o cerco à democracia eletrônica que o ataque à teledemocracia representou, propondo uma alternativa eclética. A conclusão a que chegam os autores pluralistas é que as tecnologias podem entregar mais democracia, não importa o modelo de preferência de quem formule os projetos de e-democracia. Pode-se até não gostar do modelo predileto dos outros, e é muito claro que cada autor tem as suas preferências, mas pode-se dizer que a tecnologia pode fazer alguma coisa para cada ênfase, padrão ou tipo de democracia preferido. E que a democracia, como quer que seja concebida, ganha com isso.

Enfrentando as últimas resistências

Como vemos, então, na década de 1996 a 2005 há notável concentração de esforços na avaliação do impacto da tecnologia sobre a democracia e na formulação de modelos de e-democracia. Mas não se pode deixar de mencionar o modo pelo qual algumas das críticas mais duras contra a ideia de democracia digital, formuladas na década anterior, são enfrentadas no período de consolidação da área. Vamos aqui considerar algumas delas e os contra-argumentos apresentados. As críticas de 1 a 3, provenientes do período anterior e já conhecidas por nós, serão tratadas resumidamente. A quarta, mais complexa, terá um tratamento um pouco mais extenso.

1. É falsa a ideia mais geral de que o uso de tecnologias de comunicação poderia resolver, por si só, problemas da democracia. Não seria,

por exemplo, porque temos capacidade tecnológica de tornar as decisões políticas mais compartilhadas, que estas passariam a ser de responsabilidade dos cidadãos e não da competência dos representantes eleitos. Não é uma mera questão de tecnologia, mas de desenho institucional (McLean, 1989): "A tecnologia não resolve os problemas conceituais que são gerados pela democracia"[65].

Essa crítica parece enfrentar um espantalho retórico, criado do nada só para ser facilmente vencido, que sustentaria um automatismo tecnológico segundo o qual a mera existência de canais e possibilidades levaria governos e a burocracia a correr para transferir todos os dados possíveis aos cidadãos e os cidadãos, por sua vez, a se lançar sobre essas informações para consumi-las e elaborá-las. Bem, na verdade, dados governamentais íntegros, atualizados, abundantes e à disposição dos cidadãos, como o sabemos hoje, são fundamentais para a democracia, para melhorar a vida das pessoas e até para o progresso da sociedade. Mas nada é automático na democracia, nem a existência dos melhores meios tecnológicos à disposição.

Historicamente, a agregação de interesses foi a meta inicialmente mais visível dos projetos de democracia eletrônica. Não só era a mais compatível com o estágio alcançado pelas telecomunicações nos anos 1970-1990, como era a que requeria menos alterações em sistemas políticos consideravelmente fechados aos cidadãos. Não podemos dizer se era exatamente o que queriam desenvolvedores e defensores do uso das tecnologias para promover democracia, mas podemos dizer que eram as brechas de oportunidade para se conseguir mais democracia por meio de tecnologia, dadas as circunstâncias. Podia-se facilmente usar tecnologias para aumentar a provisão de informações do seu interesse ou para coletar a sua opinião ou o sentimento popular sobre questões públicas, e essas possibilidades foram frequentemente exploradas.

O lastimável é que defensores de um modelo rapidamente se tornam detratores de padrões alternativos, e rapidamente as metas que consideravam o interesse e a manifestação dos indivíduos foram tratadas como formas de trocas mercantis, e o cidadão, como um consumidor privado e privatizado. Em alguns casos, decidiram jogar fora a criança com a água do banho – a democracia eletrônica não seria democracia.

2. O tipo de democracia que emergiria da democracia eletrônica seria "uma versão rebaixada e empobrecida do verdadeiro ideal. A democracia torna-se um mero dispositivo para registrar preferências"[66].

O problema dessa crítica é confundir a função que uma determinada tecnologia pode prestar e um juízo geral sobre a democracia como resultante apenas do cumprimento dessa função. Se temos à disposição um canal de comunicação que permite aferir votos, isso não significa que daí decorre um tipo de democracia baseado na aferição remota de preferências. Não há sequer proporção entre uma coisa e outra. Significa apenas que agora temos uma democracia que tem à disposição um recurso para se registrarem as preferências dos cidadãos mesmo à distância, o que, se não muda muita coisa na qualidade democrática da sociedade, é ao menos mais uma coisa a se incorporar ao repertório dos recursos democráticos dessa sociedade.

3. Não se trata apenas da promoção de uma forma rebaixada de democracia via tecnologia, mas do fato de as tecnologias da democracia eletrônica acabarem promovendo, ao fim e ao cabo, assimetrias antidemocráticas. É o famoso argumento segundo o qual, em virtude da desigualdade no acesso e no uso, as tecnologias representam mais uma vantagem, acrescentada ao repertório daqueles que já dominam a sociedade. Os poderosos, assim, tornam-se ainda mais poderosos, a prejuízo dos socialmente excluídos que, além das outras formas de exclusão, também sofrerão com a exclusão tecnológica.

Mas tampouco este argumento representa uma objeção consistente à ideia de democracia eletrônica, a não ser que se demonstre que foram os recursos democráticos da tecnologia que causaram a desigualdade social de uma determinada sociedade. Problemas de desigualdade e de exclusão social se enfrentam lidando-se com as suas causas verdadeiras, não impedindo que uma sociedade se desenvolva apenas para não dar aos socialmente incluídos ainda mais chances de desfrute a prejuízo dos excluídos. Caso contrário, não apenas a exclusão social não diminuirá, como a sociedade perderá oportunidades de se desenvolver. Além disso, vinte anos depois da resenha de Street, vimos que a exclusão digital se tornou consideravelmente menor do que a exclusão social. De forma que atrofiar o desenvolvimento da democracia digital não parece ter se encaminhado, como previsto, para um aguçamento das desigualdades sociais. Ao contrário.

4. Se a democracia digital não é capaz de produzir mais e melhores participação civil e deliberação pública, então ela não pode ajudar a melhorar a democracia.

No decênio de 1996 a 2005 ainda estamos à volta, ainda que não com a mesma intensidade, com a sintomática questão do alcance da e-democracia. Um interessante argumento sobre o tema foi apresentado pela cientista política anglo-americana Pippa Norris, em um importante livro de 2001 chamado *Digital Divide*. É bem verdade que o argumento de Norris é uma explícita crítica à concepção de esquerda da e-democracia e que é uma crítica claramente posicionada do outro lado, em um modelo schumpeteriano. Mas finda por ser um argumento consistente contra quem faz da participação e da deliberação os requisitos sem os quais não haveria democracia digital, uma perspectiva que ela considera excessivamente estreita. Para Norris, quem adota um conceito de democracia direta, forte ou plebiscitária tem que prever um papel direto para os cidadãos no processo de tomada de decisão, o que se define aí como a forma eminente de *participação*. Mas participação política, assim como a deliberação pública, se são apenas um elemento importante de qualquer conceito de democracia, não podem ser transformadas no seu único elemento.

O modelo alternativo oferecido por Norris destaca, então, outros elementos que devem ser considerados, como

- "a *concorrência pluralista* entre partidos e indivíduos para todos os cargos de poder governamental";
- "as *liberdades civis e políticas* para falar, publicar, reunir-se e se organizar, como condições necessárias para assegurar uma concorrência e participação efetivas"; e
- "a *participação* entre cidadãos iguais na seleção de partidos e representantes *por meio de* eleições livres, justas e periódicas"[67].

Note-se que a participação aqui é apenas "participação em eleições". As outras duas dimensões são explicitamente aspectos típicos da democracia liberal: *liberdades políticas e civis* e *democracia eleitoral*. Participação e deliberação, no sentido que lhes dão perspectivas à esquerda, "como a tomada direta de decisões dos cidadãos e a deliberação direta no processo político, ou o voto eletrônico"[68], não estão no horizonte. O que, por outro lado, não tornaria a democracia digital menos necessária ou urgente, uma vez que, na "maioria das sociedades mundo afora, as instituições centrais do governo representativo e da sociedade civil precisam urgentemente ser nutridas e fortalecidas"[69].

O juízo de Norris sobre as polêmicas e as controvérsias acerca do papel das tecnologias digitais para a democracia, traçadas como o debate sobre o papel das tecnologias *para a democracia direta ou forte*, é que se trata de um debate substancialmente defeituoso, uma vez que está centrado em exigências de participação na decisão política, inclusive na participação deliberativa. Para ela, toda essa discussão pode ser considerada nada mais que "uma irrelevância que nos tira o foco, um mosquito zumbindo, desviando a atenção da função potencial da internet no fortalecimento das instituições de governança representativa e das sociedades cívicas em todo o mundo"[70]. A questão-chave, a ser reposicionada ao centro, sobre a possibilidade de uma democracia digital consiste, portanto, em quanto os dois atores principais da democracia, governos e cidadãos, utilizarão "as oportunidades oferecidas pelos novos canais de informação e comunicação para promover e fortalecer as principais instituições representativas que conectam os cidadãos e o Estado"[71].

A este respeito, as oportunidades de participação pública e envolvimento cívico geradas através de novas tecnologias são importantes, assim como o são a capacidade da internet de fornecer informações que promovam a transparência, a abertura e a responsabilização das agências governamentais em nível nacional e internacional, bem como de fortalecer os canais de comunicação interativa entre cidadãos e instituições intermediárias.[72]

Participação pública e engajamento cívico por via digital, mas também e-transparência, governo aberto, *e-accountability* e canais interativos de comunicação com as instituições intermediárias do Estado são todas distintas funções por meio das quais as tecnologias exercem impacto sobre a democracia. E o estado atual da internet permite a execução de algumas delas melhor do que outras. De forma que mesmo que funções típicas da democracia forte ou direta, como engajamento cívico e participação militante, não pareçam bem resolvidas na democracia digital, podem-se indicar funções típicas da democracia representativa muito mais bem encaminhadas em meios digitais, como apoio a partidos minoritários em suas campanhas, a constituições de redes transnacionais de organismos do terceiro setor, a oferta a jornalistas e interessados de mais e melhor acesso a documentos oficiais e a propostas legislativas. Assim, segundo Norris, a função de promover a participação na decisão política não só é apenas mais uma das funções que se podem exercer por meio da internet, como também, inclusive, pode não ser a mais bem executada pelas tecnologias digitais dentre as demais funções que igualmente beneficiam a democracia representativa.

Não é preciso disputar com Norris o valor atribuído à participação e à deliberação para a qualidade democrática de uma sociedade nem o grau de intensidade que se demanda de cada uma delas para o nível de legitimidade do Estado liberal-democrata. Schumpeterianos tendem a considerar que sociedades com um volume muito alto de participação política dos cidadãos são não apenas muito difíceis de governar como, inevitavelmente, não entregam valores democráticos importantes como igualdade, liberdade, pluralismo, direitos. E, se em algum momento os diversos fascismos, com sua participação civil massiva, eram o contraexemplo do que se queria evitar, hoje em dia os populismos de direita que se espalham pelas democracias ocidentais constituem razão suficiente para recomendar prudência na adesão à hipótese de que a participação é boa em si mesma (Gomes, 2011). Por outro lado, há um ponto em que Norris tem certamente razão, que é a rejeição do argumento "ou tudo ou nada" da democracia digital com base em requisitos muito exigentes de democracia, como a participação e a deliberação na decisão política institucional, coisa que não nos atrevemos a exigir da sociedade em geral para que a reconheçamos como efetivamente democrática, mas que se exige constante e equivocadamente da e-democracia.

Por fim, a contraposição nítida e binária entre participação e representação dificilmente tem todo o sentido que alguns pretenderiam dar. Como bem disse Norberto Bobbio, "entre a democracia representativa pura e a democracia direta pura não existe, como creem os defensores da democracia direta, um salto qualitativo, como se entre uma e outra existisse um divisor de águas e como se a paisagem mudasse completamente tão logo passássemos de uma margem à outra"[73]. Trata-se bem mais de um *continuum*, em que participação e deliberação são, em geral, mais meios do que fins em si mesmos. Nesse caso, há que considerar que nem toda participação precisa necessariamente ser participação na decisão política, mas que há ganhos consideráveis em uma participação que incida, por exemplo, na ampliação do processo de democratização da sociedade. Sob este aspecto, há algo muito interessante, para a democracia, no ar, quando a democratização "consiste não tanto, como erroneamente muitas vezes se diz, na passagem da democracia representativa para a democracia direta quanto na passagem da democracia política em sentido estrito para a democracia social"[74]. Isso quer dizer que nem tudo o que está em jogo na democracia é a democratização do Estado, ou a ocupação da esfera em que as decisões políticas são tomadas por cidadãos ativos, mas o aumento dos participantes nas tomadas de decisões no interior da própria sociedade, em sindicatos, conselhos, organizações, instituições.

---

22 Publicado nos EUA como *Between Facts and Norms: Contributions to a Discourse Theory of Law and Democracy* (Cambridge: MIT Press, 1996) e no Brasil como *Direito e democracia: entre facticidade e validade* (Rio de Janeiro: Tempo Brasileiro, 1997).

23 Å. Grönlund, "Democracy in an IT-Framed Society: Introduction", *Communications of the ACM*, v. 44, n. 1, 1 jan. 2001, p. 25.

24 H. Buchstein, "Bytes that Bite: The Internet and Deliberative Democracy", *Constellations*, v. 4, n. 2, out. 1997, p. 248.

25 B. R. Barber, "The New Telecommunications Technology", *op. cit.*, p. 208.

26 C. Weare, "The Internet and Democracy: The Causal Links Between Technology and Politics", *International Journal of Public Administration*, v. 25, n. 5, 20 abr. 2002, p. 660.

27 H. Buchstein, *op. cit.*, p. 248.

28 T. Vedel, *op. cit.*, p. 234.

29 C. Weare, *op. cit.*, p. 660.

30 *Ibidem*, p. 662.

31 L. Porebski, "Three Faces of Electronic Democracy", *Proceedings of the 10th European Conference on Information Systems (ECIS)*, Gdansk, Polônia, 2002, p. 1220, disponível em: <http://aisel.aisnet.org/cgi/viewcontent.cgi?article=1082&context=ecis2002>, acesso em: dez. 2017.

32 *Ibidem*, p. 1225.

33 B. R. Barber, "The New Telecommunications Technology", *op. cit.*, p. 223.

34 T. Vedel, *op. cit.*, p. 234.

35 L. Porebski, *op. cit.*, p. 1225.

36 F. C. Arterton, "Political Participation and 'Teledemocracy'", *op. cit.*, p. 621.

37 H. Buchstein, *op. cit.*, p. 260.

38 J. D. Nugent, "If E-Democracy Is the Answer, What's the Question?", *National Civic Review*, v. 90, n. 3, jan. 2001, p. 224.

39 Å. Grönlund, *op. cit.*, p. 23.

40 K. Brants; M. Huizenga; R. van Meerten, "The New Canals of Amsterdam: An Exercise in Local Electronic Democracy", *Media, Culture & Society*, v. 18, n. 2, 1 abr. 1996, p. 238.

41 L. A. Friedland, "Electronic Democracy and the New Citizenship", *Media, Culture & Society*, v. 18, n. 2, 1 abr. 1996, p. 185.

42 T. Westen, "E-Democracy: Ready or Not, Here It Comes", *National Civic Review*, v. 89, n. 3, 2000, p. 217.

43 T. Becker, "Rating the Impact of New Technologies on Democracy", *Communications of the ACM*, v. 44, n. 1, 1 jan. 2001, p. 39.

44 B. R. Barber, "The New Telecommunications Technology", *op. cit.*, p. 208.

45 *Ibidem*, p. 213.

46 *Ibidem*.

47 J. G. M. van Dijk, "Models of Democracy – Behind the Design and Use of New Media in Politics", *Javnost – The Public*, v. 3, n. 1, 7 jan. 1996, p. 44.

48 *Ibidem*, p. 48.

49 *Ibidem*.

50 *Ibidem*, p. 49.

51 *Ibidem*, p. 50.

52 *Ibidem*, p. 54.

53 *Ibidem*, p. 55.

54 R. Hurwitz, *op. cit.*, p. 657.

55 *Ibidem*, p. 660.

56 L. Dahlberg, "The Internet and Democratic Discourse: Exploring the Prospects of Online Deliberative Forums Extending the Public Sphere", *Information, Communication & Society*, v. 4, n. 4, 2001, p. 616.

57 *Ibidem*, p. 620.

58 *Ibidem*.

59 J. Åström, "Should Democracy Online Be Quick, Strong, or Thin?", *Communications of the ACM*, v. 44, n. 1, 1 jan. 2001, p. 50.

60 *Ibidem*.

61 *Ibidem*.

62 *Ibidem*.

63 *Ibidem*.

64 Outras tipologias de modelos de democracia foram exploradas nesses anos, sem, contudo, alcançarem níveis mais sofisticados de taxonomia. Vale mencionar a tipologia de Arthur Edwards (1995), que distingue três concepções de democracia eletrônica: populista, liberal e republicana. E a de Jens Hoff (Hoff; Horrocks; Tops, 2000), com quatro modelos de e-democracia: consumista, plebiscitária, pluralista e participativa.

65 J. Street, *op. cit.*, p. 32. As três críticas não são de John Street, mas foram por ele resenhadas no artigo citado.

66 *Ibidem*, p. 32.

67 P. Norris, *Digital Divide: Civic Engagement, Information Poverty, and the Internet Worldwide*, Nova York: Cambridge University Press, 2001, p. 102.

68 *Ibidem*, p. 103.

69 *Ibidem*, p. 104.

70 *Ibidem*.

71 *Ibidem*.

72 *Ibidem*.

73 N. Bobbio, *Il futuro della democrazia*, Turim: Einaudi, 1984, p. 15.

74 *Ibidem*, p. 66.

3

2006–2015

O ESTADO DA DEMOCRACIA DIGITAL

Não é fácil definir democracia. [...] *Nesse contexto, não surpreende que haja tantas definições de democracia digital. Para alguns, o termo se refere ao uso de ferramentas digitais para fornecer informações e promover a transparência; para outros, descreve os meios pelos quais as tecnologias de informação e comunicação (TICs) podem ampliar e aprofundar a participação; ao passo que para outros, ainda, trata-se de favorecer o empoderamento dos cidadãos, capacitando-os a tomar decisões diretamente por meio de ferramentas* online. *Definimos o termo simplesmente como "o exercício da democracia mediante o uso de ferramentas e tecnologias digitais".*

Julie Simon *et al.*

Uma nova internet

O DECÊNIO DE 2006 A 2015 CONSOLIDA A TENDÊNCIA da nova internet, que se caracteriza, em primeiro lugar, pelo crescimento importante dos então *sites* de relacionamentos (mais tarde popularizados como "*sites* de redes sociais") e *sites* de compartilhamento de fotos, vídeos etc. (as hoje chamadas "mídias sociais"). A nova ideia dominante no mercado nesse momento é a da *web* 2.0, interativa e cooperativa, para onde convergem clássicas ideias comunitárias do imaginário tecnológico. Entretanto, é a própria ideia de *site* e da *web* clássica que entra em questão com as duas inovações consolidadas nesse período: a internet de aplicativos e a internet móvel. O último decênio testemunhou uma nova "corrida às máquinas" depois da ida à compra de computadores domésticos dos anos 1990, que é a busca de dispositivos portáteis com capacidade de processamento e conexão à internet. A conexão começa a se libertar dos computadores domésticos e de escritórios e passa a ser portável para onde quer que nos movamos, por meio de máquinas portáteis e de telefones celulares. Enfim, a expressão "computador pessoal" passa realmente a fazer sentido. Além disso, o aplicativo como padrão de uso da internet acompanha a explosão do consumo de dispositivos móveis, que se consolidaria na década de 2010 em nível global. Algumas inovações icônicas nesses anos, como o MacBook Pro (2006), que popularizou o *notebook* realmente portátil, o iPhone (2007) e o sistema operacional Android (2008), apenas sinalizavam a corrente dominante em termos de consumo e de adoção social de tecnologias da comunicação.

Além disso, a última década tem características tão peculiares em relação ao decênio anterior que praticamente se pode falar de uma nova internet. A internet baseada em dispositivos móveis, conexão permanente e aplicativos de mídias digitais quase não se parece com aquela baseada em navegação *web*, dependente de *desktops* e com conexões intermitentes, em que um "mundo virtual" se desgarrava do "mundo real" e era preciso sair de um para entrar no outro. O último decênio foram os anos da ubiquidade das tecnologias digitais, em que o prefixo *e-*, que designava o mundo novo das comunicações eletrônicas, foi substituído pelos prefixos *smart-*, como em *smart TV, smartphone, smart gov, smart cities, smart democracy*, e *m-*, de *mobile*, como em *m-government* e *m-democracy*, e pelos adjetivos *2.0* e *3.0*. E são os anos em que se descobrem os *big data* – os grandes bancos de dados digitais coletados, processáveis e utilizáveis que prometem nos revelar tudo sobre todas as coisas – e se estabelece o horizonte normativo dos dados governamentais abertos e a serviço não só da sociedade como também, vejam só, da humanidade.

Do ponto de vista do uso social das comunicações digitais, a última década é marcada pela *hiperconexão* (Gomes, 2016b) e pelo que dela decorre. A hiperconexão é um estado em que os indivíduos têm sempre à mão um aparelho que geralmente não é desligado nem desconectado da rede. Mais que isso, nesse estado, as pessoas estão cada vez mais rodeadas por múltiplos aparelhos, frequentemente com funções redundantes, por meio dos quais satisfazem funções e necessidades como estar em contato social, atualizar-se sobre fatos, coisas e pessoas que lhes interessam, obter informação, conversar com outras pessoas, transferir para redes sociais digitais conteúdo de todo o tipo de formato, cumprir e agendar compromissos, orientar-se no espaço e na vida, matar o tédio, trabalhar, relacionar-se, entre outras coisas.

Outros fenômenos sociais importantes estão relacionados à hiperconexão. O principal deles é a *internet social* ou a internet baseada em mídias sociais, em redes sociais digitais e no intenso consumo ou produção de conteúdo digital. "Conteúdo" é a expressão que se refere genericamente a qualquer tipo de material escrito, gráfico, audiovisual (e tudo isso ao mesmo tempo) disponível nas comunicações digitais. A decorrência mais relevante da internet social é a formação de ambientes sociais de natureza digital, *online*, baseados em ferramentas e aplicativos para redes sociais. Não é que cada um dos *websites*, aplicativos e serviços para *social networking* forme cada um deles um ambiente social, de forma que possamos falar de um ambiente social para o Facebook, outro para o Twitter, o Instagram, o YouTube etc. É que cada pessoa tem a sua própria rede social no interior de cada um dos serviços de redes digitais, formada pelos seus vários amigos, seguidores, seguidos, fãs... ou o nome que se dê às pessoas em contato com ela. Os ambientes digitais cumprem funções de referência intelectual, afetiva, política, ideológica, identitária etc. de acordo com a clivagem que cada um considerar importante e usar como critério para selecionar as conexões que manterá *online*. Além disso, no estado de hiperconexão, está-se em contato com o próprio ambiente digital sem que se precise sair ou "desconectar" dos ambientes sociais tradicionais em que estamos inseridos – família, amigos, colegas, membros da religião ou do partido etc. Não há nada que imponha escolhas excludentes, como fazer uma atividade familiar ou estar com amigos ou estar ligado no seu próprio ambiente digital. Por fim, o ambiente digital é portátil e realmente pessoal, no sentido de que, uma vez que os dispositivos de conexão estejam funcionando, o acesso ao ambiente digital se desloca com a gente, todas as horas do dia e em todas as circunstâncias que se desejar: pode-se ler, ver, publicar, compartilhar e interagir com o ambiente digital durante a aula, no silêncio da cama, no banheiro, na reunião, na praia, nas férias, no aeroporto, conforme a nossa conveniência e interesse.

Antes de tudo, convém notar que, na explicação dos movimentos internos da democracia digital, alguns eventos sociais têm grande importância. Assim como os ciberlibertários dos anos 1990 tiveram os seus imaginários profundamente impactados pelo uso da internet pelos zapatistas em 1993 e pelas manifestações contra o encontro da Organização Mundial do Comércio (OMC) em Seattle, em 1999, os primeiros usos bem-sucedidos de campanhas políticas *online* (Howard Dean em 2004 e Barack Obama em 2008) influenciaram muito o tema das eleições e campanhas digitais, e os protestos no Irã em 2009 e a chamada Primavera Árabe, que começa no ano seguinte, tiveram profundo impacto nos temas da participação política *online* e no papel da internet em protestos, na ação política, na mobilização social, na organização da sociedade civil e, até mesmo, em revoluções.

No mundo dos telefones celulares que nunca desligam nem se desconectam, em uma época em que todos vivemos ao mesmo tempo, e complementarmente, *online* e *offline*, em um universo em que as nossas necessidades básicas de informação e orientação se resolvem tocando em telas, clicando e digitando em dispositivos, parece absolutamente plausível a ideia de que os meios para comunicações digitais, as próprias comunicações e os ambientes *online* criados por estas tenham um considerável impacto sobre a democracia, a política e o governo. Afinal, não há coisa mais evidente para um sujeito do século XXI do que a crescente *digitalização* da vida.

Nada há de metafísico na constatação. Qualquer pessoa percebe, por exemplo, que, na sociedade contemporânea, o setor de serviços que envolve interação vai, pouco a pouco, trocando ou suplementando as suas interfaces tradicionais (o balcão, o guichê, o atendente, o vendedor, o formulário) por interfaces digitais. A compra, a transação bancária, o contrato, o contato, tudo se faz cada vez mais *online*. Nessa mesma conta deve ser incluída a prestação de serviços do próprio governo, cada vez mais digitalizado mundo afora. Além disso, as próprias interações sociais, familiares e privadas se tornam cada vez mais mediadas por tecnologias, dispositivos, aparelhos, meios e ambientes de comunicações digitais. Desde as formas mais cotidianas da conversa, da troca de afeto e informação pública, privada e íntima, até o consumo e produção de informação, a troca de opiniões, interpretações do mundo e pontos de vista, a satisfação das necessidades de orientação, o acompanhamento do dia e da vida de quem nos é caro ou de quem é apenas objeto da nossa curiosidade. Assim, grande parte do que fazemos no dia a dia, como consumir, orientar-nos e nos manter informados, fazer transações comerciais ou nos relacionar, depende cada vez mais da mediação de tecnologias digitais.

Não é de surpreender, portanto, que outras atividades e interesses, menos cotidianos, mas igualmente importantes, também sofram um impacto semelhante dos meios e ambientes digitais que nos circundam. Se nos servimos de redes sociais digitais para acompanhar a política, se nos orientamos politicamente via informação disponível *online*, se hoje as nossas redes de contatos e relacionamentos políticos são em geral baseadas em *sites* e aplicativos de interação, por que haveria surpresa no fato de que também seja digital a mobilização para os protestos políticos em que nos engajamos, que se apoiem em mídias digitais grande parte das ações políticas que praticamos, que tenham uma base *online* as campanhas sociais e políticas em que nos envolvemos?

Na mesma linha, se admitimos com relativa tranquilidade que há considerável impacto da digitalização das interações e relacionamentos em praticamente tudo o que fazemos, estamos igualmente prontos para admitir que esse impacto se estende para outros âmbitos da vida. Inclusive da vida em comum, no interior da comunidade política. Afinal, vivemos em comunidades e em Estados, sob a lei e os regimes de vida comum, ao alcance de constrangimentos e de condições de possibilidade de natureza política que estabelecem os limites do que são direitos e do que são deveres para cada um de nós. Em outros termos, a nossa vida inteira se desenrola nos limites do contrato social e da comunidade política e, naturalmente, do modo como essa comunidade política é regida. Uma vez que se admite que há uma digitalização progressiva da vida privada e das interações sociais, *parece uma consequência natural admitir que há mediação tecnológica crescente da vida pública*, isto é, daquele âmbito da vida em sociedade que tem a ver com os assuntos ou negócios públicos, com o regime de funcionamento da comunidade política e com a sua forma institucional, o Estado.

A vida pública comporta necessariamente uma *dimensão normativa*, isto é, não relacionada às coisas como efetivamente são, mas ao modo como as coisas deveriam ser. Uma boa parte das energias despendidas na política, por exemplo, tem a ver com visões, com perspectivas sobre como se deveriam tomar as decisões que afetam a vida de todos, com que políticas públicas são preferíveis e em como elas deveriam ser implementadas para a realização deste ou daquele fim. Assim como há em geral também uma dimensão normativa, quer dizer, baseada em visões e perspectivas orientadas por valores, a sustentar e motivar protestos, manifestações, revoluções.

Por fim, na esfera do regime de funcionamento do Estado, essa dimensão normativa é ainda mais imperativa, uma vez que a democracia é uma resposta a preferências sobre a escolha de líderes, a organização, a alocação e a limitação do poder político, a tomada das decisões que afetam a vida de todos, a produção de leis, a configuração da magistratura e a aplicação da justiça, os tipos de direitos e garantias e a quem são assegurados.

O reconhecimento de que política e democracia envolvem também preferências e visões com base em valores não comporta, contudo, qualquer diminuição da percepção pública de que a digitalização de todas as esferas parece um caminho natural. O fato de a vida pública ser constantemente atravessada por disputas de valores não altera a nossa percepção comum de que a mediação digital nos fornece canais, instrumentos e recursos que afetam decisivamente a política, os governos e a democracia. Ao contrário, parece bem natural aos nossos contemporâneos que os ambientes digitais forneçam cenários especialmente aptos para a disputa de valores e para interpretações dos problemas sociais, para a resposta a tais problemas na forma de políticas públicas, para que se dê forma e vazão a demandas provenientes do mundo da vida cotidiana, para o atrito de visões de mundo, agendas e preferências. Assim como canais digitais servem apropriadamente ao fim de pressionar e monitorar governantes e autoridades públicas, questionar decisões tomadas pelas esferas constituídas para esse fim, desafiar as hegemonias políticas e intelectuais de qualquer um dos poderes do Estado.

Por fim, e apenas para encurtar a conversa, é cada vez mais compartilhada a certeza de que meios, ambientes, projetos e dispositivos digitais podem servir para transferir poder aos cidadãos, à arraia-miúda da democracia, diante das formas sociais (instituições, corporações, organizações) que com eles disputam: a) a capacidade de impactar políticas públicas, legislação e regulamentação; b) a influência sobre eleições e toda a forma de escolha dos líderes e de suas agendas; e c) a possibilidade de constranger ou dirigir quem governa nesta ou naquela direção.

De forma que praticamente tudo aquilo que parece compor o que se entende como materialização ou implementação do regime democrático parece hoje de algum modo entrelaçado com meios, ambientes e usos de tecnologias digitais. Não importa se tais tecnologias são entendidas como meros *instrumentos ou canais*, ou, de forma mais exigente, como meios e mediadores, ou, enfim, na forma ainda mais exigente, como *condição de possibilidade de haver mais e melhor democracia*.

A ideia de que a democracia, em particular, e a vida pública, em geral, estão de algum modo entrelaçadas com o universo das comunicações digitais decorre, conforme o argumento que venho desenvolvendo, da percepção social da digitalização da vida cotidiana. Uma vez que a vida íntima e a vida social estão tão digitalizadas, isto é, baseadas em interações mediadas por tecnologias digitais, parece um corolário que daí deflui naturalmente que a vida pública esteja submetida ao mesmo regime. As tecnologias digitais nos circundam de modo tão natural que quase se confundem com o panorama e vão deixando de ser tematizadas ou questionadas. Cada vez mais as tecnologias digitais se assemelham com aquelas habilidades adquiridas em tempos remotos, como a escrita ou a fala, que não mais pensamos nelas; bem mais, pensamos por meio delas, através delas. Torna-se, portanto, cada vez mais incomum e extravagante imaginar que possamos fazer qualquer coisa sem o meio ambiente das nossas tecnologias digitais. O que nos conduz de forma direta às seguintes indagações: se tudo em nossa vida é crescentemente digital, por que apenas a democracia deveria ser analógica? Se a onipresente tecnologia nos permite fazer *online* uma grande parte do que nos interessa, por que somente a democracia deveria restar *offline*?

Temas e tendências nos últimos anos

Mantendo a tendência que se apresentou no fim do decênio anterior, o nível de atenção direta dado à teoria da e-democracia manteve-se bem abaixo daquele merecido até 2004. Aparentemente, a função para que surgiu a teoria da e-democracia, a discussão sobre possibilidade, modelos, problemas e perspectivas da democracia em meios e ambientes digitais, já não se revelava tão necessária ou tão urgente quanto o foi até metade dos anos 2000. Até então, como vimos, a fundamentação teórica e a justificação conceitual das expectativas de uso da tecnologia para produzir mais e melhores democracias pareciam decisivas para que se firmasse um lugar para a e-democracia na sociedade, na política e na ciência. No que tange aos ambientes políticos e à sociedade em geral, a teoria da e-democracia tinha a função de *proporcionar legitimidade* e, com isso, mobilizar fundos e apoio, para que se experimentasse com projetos de teledemocracia ou de democracia eletrônica, para que as pessoas e organizações se sentissem estimuladas a projetar e implementar iniciativas de democratização por meio de tecnologia. Em sociedades como a nossa, o que teria maior capacidade de transferir legitimidade a um fenômeno novo, e cercado por suspeitas e ceticismo, do que a própria democracia enquanto ideia e horizonte normativo?

No que se refere à ciência, sucedeu com a democracia digital o mesmo que com qualquer nova disciplina ou novo campo científico, principalmente nas humanidades: foi preciso abrir caminho com muitas justificativas argumentadas e fundamentadas, até que o terreno estivesse desobstruído dos desafios mais céticos e das críticas mais severas. No caso em tela, de onde poderia advir maior legitimidade do que colocar a e-democracia no colo da teoria democrática? A discussão conceitual sobre possibilidades e limites da e-democracia, portanto, tinha um propósito, mas não era um fim em si mesma; a sua redução a um nível menor, mas consistente e constante, parece, portanto, um sintoma de que o campo se encaminha para a consolidação científica e de que, aparentemente, a ideia de que a democracia pode se beneficiar, e muito, da tecnologia, não é mais desafiada ou incompreendida como já o foi em um passado recente.

Mas para onde foi a e-democracia uma vez que saiu dos títulos dos artigos e capítulos e do centro da cena? Ela foi simplesmente assimilada, de forma mais ou menos explícita, à estrutura dos produtos. Trate-se de artigos, relatórios ou projetos de democracia digital, uma parte destes costuma ser despendida na defesa argumentativa da e-democracia ou na justificação da iniciativa, experimento ou fenômeno, a partir de algum dos requisitos e valores da democracia, como igualdade, justiça, participação, soberania popular, transparência, pluralismo, deliberação. Na segunda década do século XXI, a democracia digital é uma dessas ideias cujo tempo aparentemente chegou e basicamente tudo o que resta como tarefa de justificativa dos projetos, iniciativas ou fenômenos é justamente reivindicar o fato de que são projetos, iniciativas ou fenômenos e-democráticos.

Além disso, e diferentemente dos períodos anteriores, nos últimos dez anos da democracia digital a discussão não está mais concentrada nas possibilidades gerais da democracia eletrônica, mas se desdobrou em diferentes questões sobre os diversos subtemas, cada um deles com suas peripécias e histórias de consolidação, inclusive de forma marcadamente interdisciplinar. Em vez de questões simplesmente sobre se a internet pode ter, com efeito, um impacto sobre a democracia, a política e o Estado, cada uma das linhas agora se pergunta como podemos ter mais e melhor participação, deliberação, transparência, pluralismo, defesa de direitos etc. por meio de tecnologias digitais. Ou como podemos enfrentar e superar os limites dos vários níveis de exclusão digital.

Por outro lado, emergiu nesse período algo como um novo modelo de democracia digital, com o adensamento de uma literatura que parte de ou assume pressupostos de algo que, na ausência de nome melhor, poder-se-ia chamar de *democracia de base* (*grassroots democracy*), uma tendência em teoria política que valoriza a comunidade, os grupos minoritários, os interesses da base da sociedade, a participação, a ação política de protestos, mobilização, manifestações e, eventualmente, confronto. Uma tendência em geral de esquerda, representada por pesquisadores das áreas de sociedade civil e movimentos sociais, que por muito tempo permaneceu a uma razoável distância da e-democracia, considerada elitista, capitalista, consumista e incapaz de resolver sequer os problemas de exclusão digital, quanto mais de exclusão social e de injustiças. O espantalho da tecnologia opressora ou elitista os espantava do campo da democracia digital e os mantinha céticos ou adversários. Nos anos 2010, contudo, houve uma virada *grassroots* nos estudos de internet e política que levou a um considerável aumento no interesse do valor democratizante das tecnologias digitais. A julgarmos pela atenção acadêmica dedicada aos subtemas, houve um extraordinário crescimento de atenção a protestos digitais, ativismo *online*, e-movimentos, ação coletiva digital e engajamento *online* desde a Primavera Árabe e a explosão de protestos com base digital mundo afora (ver Gráfico 4). A base disso tudo, naturalmente, são os ambientes digitais e os *sites* e aplicativos de redes sociais digitais.

O âmbito de estudo de maior incidência dos defensores da democracia de base é aquele agrupado como "internet e sociedade" e que representa a grande novidade no cruzamento em política e democracia no campo da democracia digital nos últimos anos. Em geral, a abordagem desses diversos tópicos traz consigo um considerável teor normativo frequentemente referido a questões democráticas: lutas por justiça e direitos, soberania popular, reação a opressões, luta por liberdade e contra iniquidades, defesa de minorias e de grupos vulneráveis, protestos contra violações de direitos e injustiças. Assim, os últimos seis anos, principalmente, foram tomados por um novo *élan* e-democrático em que a tecnologia se põe a serviço dos oprimidos, injustiçados, dos que lutam e protestam por justiça, direitos, reconhecimento, igualdade e liberdade.

GRÁFICO 4
Publicações sobre os subtemas de internet e sociedade – 2006-2015

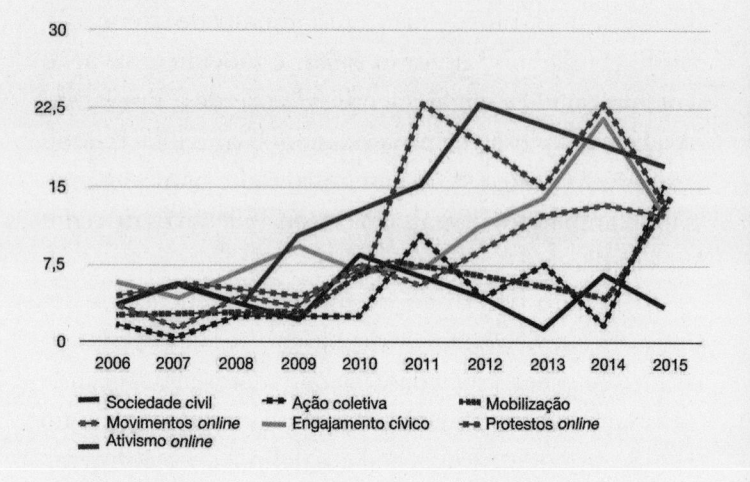

- Sociedade civil
- Ação coletiva
- Mobilização
- Movimentos *online*
- Engajamento cívico
- Protestos *online*
- Ativismo *online*

Mas, além da incidência da e-democracia sobre assuntos de políticas *online*, como se verificou na atenção dedicada aos temas políticos tradicionais da esquerda, é necessário entender com precisão o comportamento dos temas tradicionais da democracia digital nos últimos onze anos (ver Gráfico 5). O tema da participação, por exemplo, também confirmando a tendência do fim do decênio precedente, cresceu exponencialmente e predomina sobre todos os outros. No pico da produção aferida, em 2012, chegou a 55% da produção da área de e-democracia, mantendo-se em um nível muito elevado desde então, apesar de breve oscilação para baixo. Se resolvêssemos aferir a importância do uso de tecnologias para a participação dos cidadãos pela quantidade de projetos, volume de fundos investidos, relatórios ou estudos de organismos multilaterais que resenham e incentivam a e-democracia, provavelmente chegaríamos aos mesmos resultados.

Há muitas razões para o sucesso da e-participação no campo da democracia digital, a começar pela já apresentada composição do tema, envolvendo um feixe muito grande de atividades importantes para a democracia e, não convém esquecer, para o governo: consultas públicas, petições, participação na tomada de decisão, voto eletrônico e/ou *online*, mobilização dos cidadãos por parte das autoridades públicas, regulamentação etc. Muitas e mui variadas coisas podem e são objeto de projetos de e-participação ou são preocupações de governos, da sociedade, de organizações sociais e empresariais e de organismo multilaterais, todos convencidos de que, no estágio atual do uso e disseminação das tecnologias, podem ser equacionadas ou resolvidas por meio de instrumentos digitais.

Uma segunda razão do destaque da e-participação no conjunto das preocupações com democracia digital tem a ver com o aumento da diversificação da área científica dos pesquisadores no campo da e-democracia. Pesquisadores da comunicação, cientistas políticos e teóricos da democracia predominaram na área de e-participação no primeiro decênio, mas a partir dos anos 2000 a área de administração pública e, principalmente, a das ciências da computação passaram a representar um percentual importante da área. No último decênio, por exemplo, os pesquisadores da área de computação garantiram quase metade das publicações sobre o tema. Este provavelmente é o fator mais relevante a explicar o crescimento da e-participação em relação aos demais temas da democracia digital.

Há, além disso, um tema novo e, aparentemente, muito consistente no campo da e-participação, que é o *crowdsourcing*, a colaboração coletiva, geralmente na interface com o governo digital ou parlamento eletrônico, que vem crescendo de maneira exponencial desde 2010. Aqui podem ser incluídas coisas como e-participação coletiva

- em políticas públicas (Charalabidis *et al.*, 2012; Macintosh, 2004; Rethemeyer, 2006);
- na tomada de decisão governamental (Garcia; Vivacqua; Tavares, 2011; Linders, 2012);
- na promoção da transparência (Bertot; Jaeger; Grimes, 2010; Carlo Bertot; Jaeger; Grimes, 2012; Zinnbauer, 2015);
- no procedimento legislativo (Christensen; Karjalainen; Nurminen, 2015; Heikka, 2015) etc.

Como é típico desse período, a *crowdsourcing*, ou *citizen-sourcing* (Nam, 2012), é muito atenta aos novos recursos digitais de participação, baseada em mídias sociais, *web* 2.0 e dispositivos móveis (Brovelli; Minghini; Zamboni, 2016; Charalabidis *et al.*, 2014; Hellström, 2012; Linders, 2012; Nam, 2012; Spiliotopoulou *et al.*, 2014; Wang *et al.*, 2017). Aliás, pelo crescimento rápido e intenso da atenção, pode-se prognosticar um incremento considerável do tema nos próximos anos.

GRÁFICO 5
Atenção acadêmica aos subtemas da democracia digital por ano – 2006-2016

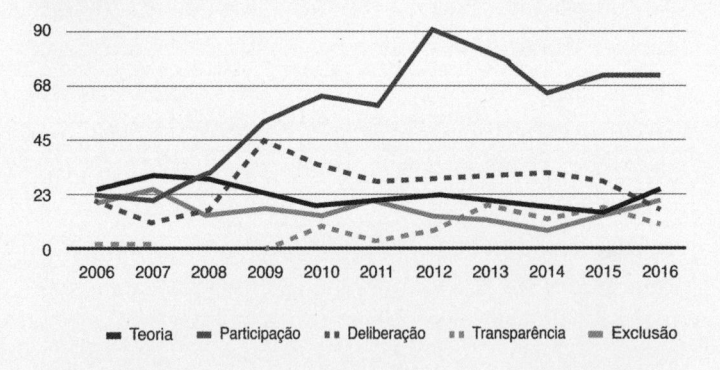

■ Teoria ■ Participação ■ ■ Deliberação ■ ■ Transparência ■ Exclusão

A *e-deliberação* é um tema que teve um comportamento consideravelmente variado no período, atingindo o seu pico em 2009 e enfrentando algum declínio desde então. Embora tenha-se mantido como subárea importante da democracia digital, principalmente no estudo de projetos aplicados à discussão dos cidadãos entre si e com autoridades públicas, a área tem se distanciado, mormente no fim do decênio, da sua referência tradicional de democracia deliberativa. Talvez isso reflita o próprio movimento interno da democracia deliberativa, que perdeu parte do seu *élan* na teoria democrática, tendo se desdobrado em direções muito mais aplicadas e pragmáticas. Aparentemente, os autores desses novos desdobramentos do campo demonstram menos interesse no que acontece na internet móvel, em aplicativos de mídias sociais e 2.0 do que os autores da primeira onda da democracia deliberativa.

Curiosamente, no que se refere especificamente ao subcampo "política *online*", é notável o crescimento do interesse em discussões travadas em ambientes digitais. O estudo da discussão *online*, subdividido em três grandes temas – discussão e conversação política, divergência e polarização, exposição seletiva e heterogeneidade –, é uma peculiaridade do atual momento da pesquisa, com uma produção crescente e intensa desde, pelo menos, 2008. Não se trata, contudo, de uma metamorfose da área de deliberação pública própria da democracia digital, uma vez que em geral a bibliografia não reflete uma abordagem normativa do tipo democrático. Os pesquisadores estão muito curiosos com o fato de que as pessoas cada vez mais conversam umas com as outras sobre política, com frequência para ferozmente divergir e polemizar, gerando com isso uma tendência à polarização e à formação de câmeras de eco ou bolhas digitais que se fecham em ambientes de alta afinidade entre os seus membros. O referencial teórico não vem da tradição habermasiana, nem sequer da teoria democrática, mas de modelos teóricos e metodológicos da comunicação e da psicologia, como a teoria da espiral do silêncio e a hipótese da exposição seletiva.

Por fim, temos o caso da *e-transparência*, um tema típico deste último período. O tratamento da transparência pública na área de democracia digital não recebe, à primeira vista, a importância que o tema tem merecido em teoria democrática, na ciência política e na administração pública. Para as áreas de governo, para a sociedade, para organismos multilaterais e até para o campo científico, a transparência, principalmente a transparência pública, foi tema central na virada do século e continua a sê-lo.

A transparência, de um lado, e as suas contrapartes que formam o pavor das democracias liberais, a corrupção, o fisiologismo, a opacidade do Estado, são hoje objeto generalizado de preocupações. Por que, então, o tema da e-transparência continua modesto mundo afora e, se tem alguma importância no Brasil, isso decorre basicamente de uma resposta a uma lei que força a própria administração pública à e-transparência fiscal? Por que a e-transparência não tem a mesma força da e-deliberação ou, sobretudo, da e-participação?

Não encontrei uma resposta satisfatória para essas questões. Mas posso dizer, para mitigar a sensação de que a e-transparência não tem o tratamento que mereceria, que, na verdade, questões de transparência pública digital têm prosperado consideravelmente na forma dos temas do governo aberto e dos dados abertos governamentais. Que é, portanto, na interface das áreas de democracia digital e de governo digital que a transparência, enfim, encontra a importância que estaria a merecer, como se pode depreender do Gráfico 6.

GRÁFICO 6
Atenção acadêmica à e-transparência e ao governo aberto – 2010-2016

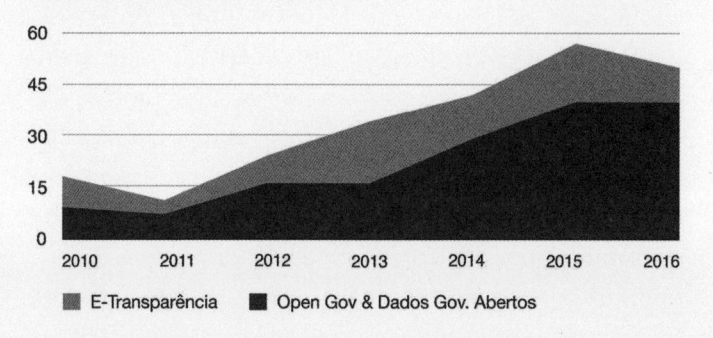

Isso nos dá a ocasião de fechar esta reconstrução do percurso da democracia digital com a hipótese da *interface entre e-democracia e governo digital*. Como explicitou A. Chadwick, há aqui até mesmo uma divisão social do trabalho entre as duas áreas.

> Os estudiosos da administração pública, os analistas de políticas públicas e os especialistas em gestão pública se concentram no *governo eletrônico*, enquanto os especialistas em comunicação política, os estudiosos dos movimentos sociais e os teóricos da democracia aprimoram suas ferramentas analíticas sobre a *democracia eletrônica*.[75]

Mas, no fundo, o vínculo entre as duas áreas, se bem que não seja direto, é certamente realizável.

O tema do governo eletrônico é mais recente que o tema da democracia eletrônica. Aparece apenas lá por 1996 (Milward; Snyder, 1996), mas realmente constitui uma disciplina apenas no início deste século. À fase da teledemocracia, por exemplo, não correspondeu uma fase de algo como telegoverno, embora, naturalmente, o governo, em particular, e o Estado, em geral, tenham sido sempre uma das dimensões a serem consideradas toda vez que se falava de empregar tecnologia para resolver déficits democráticos da democracia liberal. Mas a abordagem dominante sempre foi apoiada no horizonte normativo da democracia, seus requisitos, valores e princípios.

E sempre manteve uma interface forte com a democracia digital, de onde, supostamente, retira grande parte da sua legitimidade social. Naturalmente, nem tudo o que há de valor na ideia de um governo apoiado em tecnologias digitais se refere a requisitos democráticos, como transparência, participação ou deliberação, ou a valores da democracia. Em grande parte, é bastante que se refira a requisitos e valores sociais que provêm de outros horizontes normativos, como as ideias de eficácia, eficiência, racionalidade e economia. Ou ao princípio de que o papel do governo digital, de um parlamento eletrônico, de uma cidade inteligente etc. é simplesmente melhorar a vida das pessoas. "Melhorar a vida das pessoas" pode ser outra coisa que não aumentar a igualdade política ou a transparência pública, incrementar a participação ou levar os representantes eleitos a compartilharem o poder com os cidadãos, que são gatilhos democráticos importantes, vez que podem significar algo como melhorar a qualidade de vida dos cidadãos, diminuindo-lhes o peso da burocracia ou a precariedade no recebimento dos serviços públicos a que têm direito.

Mas há que pensar também, por outro lado, que valores como o aumento da eficiência do governo digital ou princípios como "governos precisam melhorar a vida dos cidadãos por meio da tecnologia" podem ganhar um considerável reforço proveniente do horizonte normativo da democracia. Assim, é óbvio que governos que prestam bons serviços públicos por meio digital são ótimos, mas, se o *e-public service delivery* for projetado tendo como foco e centro o cidadão, o soberano do Estado, e não a burocracia estatal, seria ainda melhor. O mesmo vale, por exemplo, para as *smart cities*. E, se o Estado digital, além de eficiente, moderno, racional e econômico, for também transparente e participativo, não haverá perda de nenhum dos valores intrínsecos da nova administração pública e ainda haverá um considerável incremento da sua qualidade democrática. *Introduzir um "vírus" e-democrático no sistema do governo eletrônico* parece, portanto, um imperativo contemporâneo importante para termos sociedades melhores. E "melhor" hoje significa também mais democrático. Mais e-democrático.

Novas tendências na democracia digital

Uma vez que chegamos aqui, para onde vamos? Há duas formas de encarar essa pergunta, ainda que brevemente. A primeira consiste em constatar para onde nos estamos encaminhando, quais são os temas e campos de aplicações que estão, neste momento, atraindo a atenção de pesquisadores, de gestores e da sociedade. A segunda consiste em eventualmente indicar os temas para onde deveremos nos encaminhar, se a democracia digital há de oferecer respostas consistentes a demandas da democracia. No primeiro caso, a identificação das tendências dominantes é o fator central, enquanto no segundo é mais importante identificar eventuais lacunas no campo.

Para onde estamos indo? Identificamos sumariamente algumas tendências importantes que merecem a atenção das pessoas já envolvidas ou que se envolverão com democracia digital nos próximos anos.

- Com a consolidação da ideia de democracia digital, a idade de ouro da teoria da e-democracia já passou e a abordagem tende a ser cada vez mais prática, aplicada e segmentada. A não ser que apareça no horizonte alguma espécie de novo desafio à legitimidade da democracia digital, é mais provável a manutenção dessas tendências. Problemas concretos relacionados a modelos tecnológicos, a características específicas de soluções digitais empregadas ou estudos de experimentos (projetos, iniciativas implementadas) e de experiências (formas de usos das tecnologias digitais, espontâneas, com incidência ou aplicação para a democracia) tendem a concentrar a atenção nos próximos anos. Além disso, deve persistir a tendência à autonomia dos temas, transformando-se ao menos alguns deles em campos específicos, a exemplo do que vem acontecendo com a e-participação, com a e-deliberação e com a subárea de internet e sociedade. A tendência à fragmentação, contudo, poderá gerar, se não corrigida, a perda da perspectiva geral da democracia digital. O que levaria, como já vem acontecendo no caso da e-participação, a ver índices de participação digital em que países autocráticos pontuam muito alto, como se para a e-participação fosse dispensável a qualidade democrática do tipo de participação envolvido (Lidén, 2012; 2015). Ou confusões, como as de quem vê a democracia digital como um dos subtemas do governo digital, invertendo completamente não só a história da grande área, mas o bom senso em teoria política. O risco, portanto, é que os temas autonomizados se desgarrem da ideia de democracia digital, que envolve tecnologia, sim, mas para a qual a democracia é imprescindível. Não haveria ganhos nisso.

- Nesse sentido, a busca da reconexão à democracia digital, por parte de aplicações e campos em crescente autonomização, poderá se transformar numa contratendência importante na área de e-democracia. Essa necessidade já tem sido particularmente sentida na área de governo digital, onde uma considerável concentração de atenção em prestação de serviços eletrônicos ou em soluções digitais para *smart cities* e *smart government* tende a levar a uma desconexão com a e-democracia e seus requisitos, denunciada por muitos autores (Anderson; Bishop, 2005; Chadwick, 2003; Hoff; Scheele, 2014; Kardan; Sadeghiani, 2011). Com isso se fortalece a tendência a forçar a introdução de critérios democráticos em iniciativas e projetos de e-governo para reconduzir, por exemplo, soluções e aplicações digitais de prestação de serviços públicos à e-democracia (Chen, 2010; King; Cotterill, 2007; Lee; Lee, 2014; van Velsen *et al.*, 2009). Parece natural imaginar que essa tendência se reforce à medida que a fragmentação se consolide.
- Outra tendência clara, já esboçada acima, refere-se ao novo padrão tecnológico *sm+m*, quer dizer, *social media* + *mobile*. Esta vem sendo a tendência dominante na década de 2010 e nada parece indicar que poderá arrefecer nos próximos anos. A ideia de que mídias sociais constituem o novo padrão do uso social da internet já está presente com muita força em algumas subáreas, como governo digital (Bonsón *et al.*, 2012;

Feroz Khan *et al.*, 2014; Mossberger; Wu; Crawford, 2013; Porumbescu, 2016; Small, 2012), internet e sociedade (Breuer; Landman; Farquhar, 2015; Kaun, 2016; Valenzuela, 2013), *crowdsourcing* em políticas públicas (Charalabidis *et al.*, 2012; 2014; Spiliotopoulou *et al.*, 2014), governo aberto (Gunawong, 2015; Stamati; Papadopoulos; Anagnostopoulos, 2015; Wirtz; Daiser; Mermann, 2017) e e-participação (Alarabiat; Soares, 2016; Dini; Saebo, 2016; Vogt; Förster; Kabst, 2014). *Social media* pode ser substituído eventualmente pelo designador *2.0* (Henman, 2013; Nam, 2012; Pankowska, 2016; Sun; Ku; Shih, 2015), com sentido semelhante. Da mesma forma, o *m-*, como designador de tecnologias digitais móveis para comunicação, vai se tornando o concorrente mais atual do clássico *e-*, de eletrônica, que se mantém há quarenta anos. O *m-* já é claramente visível como tendência nas várias subáreas de governo digital (Gouscos; Drossos; Marias, 2005; Lee; Tan; Trimi, 2006; Ogunleye; van Belle, 2014; Sheng; Trimi, 2008; Trimi; Sheng, 2008) e no tema da e-participação (Thiel *et al.*, 2015; Thiel; Lehner, 2015). Na próxima década, a grande área de política, Estado e democracia digitais será cada vez mais *sm+m*.

- Por fim, parece haver unanimidade na convicção de que o tema da vez são os *big data*. Estamos todos, de teóricos da democracia a cientistas da computação, de estudiosos da comunicação política a matemáticos, de profissionais e pesquisadores da área de saúde a cientistas políticos, de *scholars* da bioinformática a economistas e físicos, imaginando as fantásticas aplicações, para resolver problemas específicos de cada área ou questões multidisciplinares, que resultarão do acesso a quantidades massivas de dados digitais, informações sobre as pessoas, suas circunstâncias e condições, sobre a sociedade, sobre os governos, sobre a economia, sobre coisas e, sobretudo, sobre as relações entre elas. *Não é simplesmente uma questão de dimensão dos dados, mas da adição de inteligência computacional na coleta e no uso destes*. Como bem assinalaram Danah Boyd e Kate Crawford, em artigo recente: "*Big data* tem menos a ver com o fato de os dados serem grandes e mais com a capacidade de busca, agregação e referência cruzada de grandes conjuntos de dados"[76]. De um ponto de vista tecnológico, isso implica que temos cada vez mais de lidar com questões relacionadas "ao aumento do poder da computação e da precisão dos algoritmos empregados para coligir, correlacionar e comparar grandes bases de dados"[77], mas, do ponto de vista da política e da democracia, temos dúvidas sobre se tudo isso nos ajudará a criar melhores sociedades, melhores governos e a melhorar a vida das pessoas ou se será o contrário disso o mais provável a acontecer. Esta é uma questão candente que a pesquisa apenas começa a enfrentar.

- Os *big data*, contudo, são apenas o começo de uma fieira temática. Os *open data* são o tema que vem em sequência. *Não se trata apenas de termos grandes bases de dados, mas do fenômeno político e democrático dos dados abertos e da abertura de dados.* Dados abertos podem ser definidos, seguindo Marijn Janssen e colegas, como "dados sem restrição de acesso e não confidenciais, que são produzidos com dinheiro público e oferecidos sem quaisquer restrições à sua utilização ou distribuição"[78]. A premissa por trás da ideia de dados abertos é que os órgãos públicos são geralmente os maiores criadores ou coletores de dados na maior parte dos âmbitos da vida social e devem ser compelidos a colocar esses dados à disposição da sociedade, para os fins que indivíduos e grupos considerarem adequados.

- O que nos leva inevitavelmente ao terceiro tema da tétrade, os dados abertos governamentais (ou públicos). A abertura de dados governamentais tem algumas implicações importantes, antes de tudo sobre o próprio governo. Ao abrir suas extensas bases de dados ao acesso público, os órgãos públicos e agências governamentais, de certo modo, admitem abrir mão do controle que lhe dava um poder discricionário que não respondia ao público, mas apenas à hierarquia interna do próprio setor público. O que significa compartilhar poder e, em última instância, expor-se.
- E assim chegamos ao quarto tema, profundamente interligado com o terceiro, a questão do chamado *governo aberto*. A expressão se tornou extremamente popular nos últimos

anos, principalmente depois que o presidente Barack Obama transformou em um ato do seu primeiro dia de mandato a publicação do famoso *Memorandum on Transparency and Open Government* e, em setembro de 2011, assinou a Open Government Partnership, iniciativa multilateral, ainda vigente, com a intenção de incentivar e comprometer governos na promoção da transparência, no combate à corrupção e no emprego de tecnologias para fortalecer a governança democrática. Conforme definição de Albert Meijer e colegas, a abertura do governo "é a extensão da medida que os cidadãos têm para monitorar e influenciar os processos governamentais por meio do acesso à informação governamental e do acesso às arenas em que são tomadas as decisões"[79]. O que implica ao menos duas dimensões importantes da democracia digital: a e-transparência e a e-participação. Além de uma terceira dimensão, já enunciada acima: governos abertos devem ser colaborativos (McDermott, 2010). De todo modo, o fato é que a atenção acadêmica, a atenção política e os esforços normativos acerca da abertura do governo por meios digitais cresceram aceleradamente nesses anos (como se depreende do Gráfico 6).

Ao encerramos este percurso, depois de termos visto como chegamos até aqui, como a ideia de democracia digital se desenvolveu e se consolidou e as novas tendências nessa área, temos tempo ainda de nos perguntar como a e-democracia está nos ajudando a lidar com os problemas da democracia. Vimos o avanço dos temas da participação, da deliberação pública em meios e ambientes digitais e, enfim, da e-democracia de base, de forma que o déficit correlacionado à baixa participação política da população e à apatia cívica tem merecido a consideração devida. O problema liberal dos governos invisíveis e Estado opaco e o problema, de novas e velhas democracias, relacionado ao patrimonialismo, fisiologismo e clientelismo e, em última instância, à corrupção só podem ser enfrentados com mais transparência, mais responsabilização dos agentes políticos, mais monitoramento pelos cidadãos. Estamos em cheio na agenda mais recente relacionada à e-transparência, às formas de participação de uma e-democracia monitorial e, enfim, às questões da abertura de dados e abertura do governo. Ainda é cedo para dizer o quanto os governos avançarão nessa direção, mas o rumo parece muito promissor.

Há, contudo, uma lacuna não devidamente preenchida no que tange à contribuição da e-democracia para as democracias existentes, que diz respeito ao modo de enfrentar a questão dos limites do Estado de direito e a problemas na extensão igualitária de direitos, garantias e liberdades a todos os cidadãos. Não se pode dizer que o tema da violação de direitos, das injustiças e opressões estruturais e do acesso igualitário e eficaz à justiça não seja objeto de consideração. Mas há que admitir que não é ainda uma tarefa central da democracia digital, documentada na atenção acadêmica, o aprofundamento e a consolidação de uma sociedade de direitos, especificamente de direitos e liberdades políticas, e o papel dos recursos digitais no monitoramento e denúncia de violações de direitos. Esta é uma linha de pesquisa e de ação que precisa ainda ser construída.

Para concluir

Enfim, estamos todos reconciliados com a ideia de democracia digital? Certamente, não. Ainda provêm de múltiplas fontes alguns desafios à ideia de que algo que realmente valha democraticamente a pena possa vir da aplicação de soluções digitais para produzir soluções políticas, governamentais, legislativas e sociais. Na verdade, trata-se frequentemente, como vimos na história da literatura sobre o tema, de exigir da democracia digital que ela seja mais democrática que as democracias reais. Isso não faz o menor sentido, uma vez que a e-democracia não é um tipo de democracia, mas o uso de tecnologias para reforçar, corrigir ou melhorar as democracias existentes. Ou, até, para implantar ou melhorar dimensões democráticas de Estados autoritários. Se a sociedade ou seus governantes decidem melhorar a sua democracia ou tornar mais democráticas determinadas instituições e processos, o estado atual da tecnologia e os usos que dela fazem os cidadãos são hoje recursos indispensáveis para alcançar tais objetivos. A tecnologia tanto pode entregar participação e deliberação quanto pode entregar transparência pública, pluralismo, governos abertos, interação entre cidadãos e autoridades, reforço no acesso a direitos e justiça, defesa de direitos e garantias, denúncia de violações e abusos, mobilização, engajamento.

A democracia digital é simplesmente o conjunto dos recursos, ferramentas, projetos, experimentos, experiências e iniciativas em que se usam tecnologias para produzir mais democracia e melhores democracias. É simples assim. Em um sistema político com baixo interesse em participação, por exemplo, a democracia digital daquela sociedade será pouco participativa porque os recursos tecnológicos serão usados preferencialmente para outras aplicações. Isso nada tem a ver com a tecnologia, mas com as preferências da sociedade, dos seus governantes, das suas instituições. Nesse caso, não seria razoável criticar tal democracia digital por não entregar tanta participação quanto alguém gostaria. Mais sensato seria criticar o baixo interesse em participação por parte de governos e instituições.

Além do mais, quem demanda soluções digitais unicistas para o déficit democrático de determinados Estados e sociedades, por mais amplas que sejam, parece ter dificuldade de compreender que democracias complexas e pluralistas dificilmente podem ser construídas com base na aposta em um único elemento. É curioso, nesse sentido, como as críticas à democracia digital são sempre mais simplórias do que as listas dos complexos problemas da democracia contemporânea na teoria democrática. Frases como "precisamos de uma democracia mais vivaz, participativa e sob o controle do cidadão" nem tocam em obstáculos complicados que se interpõem no caminho da democracia, como a necessidade do crescimento da tecnocracia (decisões baseadas em especializações e competência técnica), de aumento da burocracia, da "ingovernabilidade" das democracias de massa, entre outros. Democracias complexas têm tantas necessidades que cogitar que tudo possa ser resolvido com mais recursos tecnológicos para participação ou deliberação chega a soar ingênuo. Por outro lado, diminuir o valor da pletora de soluções digitais para melhorar a democracia, tão somente porque no *kit* de democracia digital empregado em determinada sociedade a função *x* ou *y* não tem o destaque que em minha concepção seria o remédio adequado para a maioria dos déficits democráticos daquela sociedade, não me parece razoável ou justificado. As nossas são sociedades que, além de complexas, são consideravelmente pluralistas, de forma que não há "modelo" de democracia em que pareça cabermos todos ou ênfase democrática que satisfaça a todas as nossas necessidades.

Por fim, os obstáculos à realização da democracia são tão diversos e de tal monta que qualquer ajuda da tecnologia, em qualquer dimensão, há que ser considerada bem-vinda. O conjunto mais simples de recursos de democracia digital já significaria incremento na qualidade da democracia existente, quanto mais quando se verifica uma e-democracia consistente e realmente produzindo um impacto considerável, pró-democracia, sobre a vida pública, o sistema político e o Estado.

---

75 A. Chadwick, "Bringing E-Democracy Back in: Why It Matters for Future Research on E-Governance", *Social Science Computer Review*, v. 21, n. 4, 1 nov. 2003, p. 444 (grifos meus).

76 D. Boyd; K. Crawford, "Critical Questions for Big Data", *Information, Communication & Society*, v. 15, n. 5, jun. 2012, p. 663.

77 *Ibidem*.

78 M. Janssen; Y. Charalabidis; A. Zuiderwijk, "Benefits, Adoption Barriers and Myths of Open Data and Open Government", *Information Systems Management*, v. 29, n. 4, set. 2012, p. 258.

79 A. J. Meijer; D. Curtin; M. Hillebrandt, "Open Government: Connecting Vision and Voice", *International Review of Administrative Sciences*, v. 78, n. 1, 22 mar. 2012, p. 13.

POSFÁCIO

Estaria a democracia obsoleta, falida?
Dirk Helbing

A PRIMEIRA EDIÇÃO DIGITAL DESTE LIVRO FOI lançada em 2018. A pesquisa que o precede abrange o desenvolvimento da área de democracia digital até 2016. Trata-se de uma coincidência impressionante, pois 2016 e 2018 são marcos recentes e decisivos na história da democracia e, por consequência, da democracia digital.

Antes de tudo, note-se que, a rigor, não existe democracia digital; o que existe é a democracia – um regime político e um modelo normativo de interação política em sociedades pluralistas. A democracia digital decorre de uma decisão, tomada por certos Estados e sociedades, de introduzir e manter princípios, exigências, valores e constrangimentos democráticos na inexorável transformação digital do mundo.

Estados e sociedades precisam ter um alto nível de convicção democrática para tomar uma decisão como essa. Se o consenso social e político sobre a democracia ser a melhor forma de governo vacila, ou se a concepção compartilhada sobre o que é, afinal, uma democracia se fragmenta, estão estabelecidas as condições perfeitas para uma crise. Uma crise da democracia que se alastra por tudo – instituições, vida pública, princípios, valores –, afetando inclusive a decisão fundamental de usar a transformação digital para produzir mais democracia e melhores democracias.

A desaceleração da transformação digital da democracia

Em 2016, testemunhamos o início de uma crise da democracia em nível mundial. Em 2018, foi a vez de o Brasil embarcar nessa aventura. O ano de 2016 é o do Brexit e da surpreendente vitória da extrema direita, populista e autoritária, nos Estados Unidos. Em 2018 foi a nossa vez de flertar com o abismo, com o início do ciclo de hegemonia eleitoral do bolsonarismo.

Esses eventos, entre outros, significaram uma virada na preferência de boa parte dos eleitores na direção de perspectivas que poderíamos chamar, da forma mais delicada possível, de "democraticamente problemáticas". Desde então, passaram a haver investidas contra aspectos centrais da democracia, como a existência de Três Poderes, a obrigação de prestação de contas por parte do Poder Executivo, a liberdade de expressão de quem diverge do governo, e os direitos e garantias individuais. Além disso, houve ataques contra o sistema eleitoral e contra autoridades então responsáveis por ele, e a tentativa de não reconhecer o resultado de eleições que contrariaram projetos de permanência no poder de governantes da extrema direita.

Com os regimes democráticos sob intenso ataque interno das novas forças políticas e das novas forças sociais que passaram a nos governar, iniciativas de democracia digital promovidas pelo Estado e por instituições da política e da sociedade naturalmente deixaram de ser prioridade.

Algumas iniciativas, como os projetos de participação ou deliberação pública, perderam impulso porque o avanço da polarização (desaparecimento do centro e da moderação) e da radicalização provocou um nível tal de "balcanização" da esfera pública que qualquer forma de intercâmbio de ideias e argumentação coletiva degenera em guerra política, escaramuças digitais e competição tribal por superioridade moral. A disposição cooperativa, um nível mínimo de boa-fé argumentativa que obriga os interlocutores a pelo menos ouvir uns aos outros e a considerar o que os outros têm a dizer, bem como a crença na tolerância e no pluralismo de ideias – tudo foi drenado com grande rapidez do debate público nos últimos anos. A deliberação pública por meio digital e a participação política por meio de contribuições argumentativas sobre problemas e projetos tornaram-se difíceis, principalmente em ambientes digitais, que foram mais usados para guerras do que para a colaboração entre divergentes ou para a mediação das diferenças.

Não foram apenas os anos do avanço da extrema direita que esvaziaram a direita e o centro e empurraram a sociedade para o radicalismo; foram também os anos de avanço de um segundo bloco ideológico e político, igualmente radical, mobilizador e agressivo, que se tornou influente no debate público: os identitários.

A primavera identitária brasileira começa em 2013 e prospera desde então, tendo se tornado ao longo dos anos um movimento hegemônico em vários setores importantes da sociedade, como as universidades, o campo da cultura e o jornalismo. Como nativos digitais, característica que compartilham com a extrema direita, os movimentos identitários fazem das arenas digitais o seu terreno de ação. Rivalizam com a extrema direita no domínio do debate público, além de realizarem digitalmente suas principais ações políticas de disputa pelos enquadramentos dos problemas sociais, luta pela imposição da agenda pública, além de executar nesses meios suas principais estratégias retóricas e políticas de vitimização, vigilantismo e punitivismo.

Diferentemente do que crê a esquerda, há identitários de todos os tipos. Identitários de direita são parte constitutiva da brigada da extrema direita europeia, por exemplo, o que permite a esta acionar convenientemente uma identidade cristã e ocidental em um discurso fortemente xenófobo e anti-islâmico (Pautz, 2005). Não há forma mais identitária, por exemplo, do que um movimento social antimigrantes que se chama Pegida, acrônimo para "Patriotische Europäer gegen die Islamisierung des Abendlandes" [Europeus Patriotas contra a Islamização do Ocidente][80].

Nos panoramas brasileiro e norte-americano, identitários conservadores de matriz religiosa cumpriram o mesmo papel no bolsonarismo e no trumpismo. A ideia de uma identidade religiosa cristã sitiada em uma sociedade e um Estado dominados por progressismo, secularismo, cientificismo e esquerdismo pode parecer esdrúxula à primeira vista, mas é o suficiente para a disseminação do pânico moral diante da primavera progressista das últimas décadas nos costumes, nos papéis sociais de gênero, na orientação sexual, na educação e na família. Os religiosos conservadores resolveram o abismo entre o tamanho e a penetração da sua base social, enormes, e seu poder de pautar a sociedade e influenciar o Estado, que era diminuto, partindo para a conquista do poder político por meio de mandatos populares, na carona (e como parte do) avanço da extrema direita. A identidade cristã e conservadora desempenhou um enorme papel nisso tudo. Assim como o uso das estratégias identitárias tradicionais de vitimização (alegação de cristofobia, ideologia de gênero e doutrinação ideológica), vigilantismo (denúncias de indução à homossexualidade, de desrespeito à família em sua concepção bíblica e da pedofilia e desregramento moral das representações da cultura progressista) e punição.

Por fim, temos os identitários de esquerda, o identitarismo daquelas que já foram chamadas de minorias políticas, que, com as mesmas premissas de identidade oprimida e estigmatizada e as mesmas estratégias de vigilantismo e punição (cultura do cancelamento e linchamentos digitais), conseguiram prosperar até mesmo durante o período da hegemonia política da extrema direita. E conseguiram isso justamente porque suas estratégias retóricas e políticas se retroalimentam da incorreção política, do desrespeito afrontoso a minorias e das ofensas e humilhações que a nova extrema direita é pródiga em oferecer na esfera pública.

Ou seja: nesses anos tivemos uma sociedade confusa e dividida sobre em que consiste a democracia. A confusão emerge da tensão entre o fato de as forças ascendentes no debate público não se sentirem confortáveis na democracia liberal, mas viverem em uma época em que a ideia de democracia não pode ser desafiada. Assim, passamos a contar com uma parte grande, talvez majoritária, que não está convencida de que vive sob uma democracia ou de que a democracia que está vigente seja o melhor regime de governo ou o melhor modo de vida.

O resultado disso é o surgimento de um discurso que contrasta a democracia real, esta "que está aí", com uma "democracia verdadeira", projetada na imaginação de cada grupo político. Para uns, a verdadeira democracia seria um regime em que quem ganha a Presidência da República ganha o direito de reformar moral e institucionalmente o Estado e a sociedade, sem que Constituição, instituições do Estado ou a sociedade civil lhe atravanquem o caminho, enquanto para outros seria um regime de absoluta correção política, em que estejam removidas todas as opressões estruturais contra as identidades oprimidas ou estigmatizadas, e em que reparações históricas e a garantia de *safe spaces* para grupos historicamente subalternizados sejam a tônica da vida em comum. A situação chegou a tal ponto, nos Estados Unidos e no Brasil, que grupos de extremistas de direita tentaram atos de sedição ou golpes de Estado para, segundo eles, salvar a democracia "verdadeira" das fraudes eleitorais ou da "ditadura do Judiciário".

Quando uma sociedade está de tal modo dividida, intolerante, indisposta à cooperação, fragmentada em partes hostis entre si, a democracia digital não tem a menor chance. Nesse momento, a democracia como um todo está lutando apenas para garantir a própria legitimidade e sobrevivência. E essa foi a história da democracia por estas bandas, desde que este livro foi publicado.

Daí decorre a primeira parte do problema da democracia digital na última década: *a atrofia ou a desaceleração da transformação digital da democracia*, que ainda não retomou o ritmo em que se encontrava em 2015, mesmo depois das derrotas da extrema direita nas eleições majoritárias seguintes, simplesmente porque nas democracias afetadas por essas reviravoltas as coisas ainda não voltaram ao estado anterior.

No caso brasileiro, a derrota de Bolsonaro não implicou, pelo menos ainda, o desaparecimento ou a redução da extrema direita e de sua baixa convicção democrática. O mesmo vale para os Estados Unidos, onde o trumpismo continua rondando de forma consistente a Casa Branca. No Congresso Nacional, cujas casas legislativas sempre foram muito ativas em promover inovações democráticas digitais, a direita radical se institucionalizou como maioria parlamentar por meio de mandatos populares conquistados na eleição passada. No debate público, ainda é uma força política formidável em capacidade de gerar e sustentar pautas. Na sociedade e na política, o radicalismo e a polarização ainda se mantêm em níveis altíssimos: com grupos políticos cada vez mais fortes e mais antagônicos, a intolerância ainda domina a vida pública, sabotando a possibilidade de projetos comuns. E não esqueçamos do fato de que os identitários de esquerda, embora não consigam, por razões intrínsecas, converter em mandatos eleitorais a força que exibem na esfera pública, dominam cada vez mais o debate público. Como radicalismo, polarização e intolerância também fazem parte de sua estratégia, não se pode contar com eles para construir pontes, negociar pontos de vista, buscar a cooperação mesmo na divergência e nos desacordos, estabelecer compromissos. Ao contrário.

As ameaças digitais à democracia

A segunda parte da questão da democracia digital na última década está relacionada ao fato de que os recursos da transformação digital da sociedade, que, nas quatro décadas anteriores, haviam servido para inovar e consolidar projetos de e-democracia, foram intensamente usados nos últimos anos justamente contra o regime democrático. Tudo o que pode ser usado para produzir mais democracia e melhores democracias também pode ser usado para atacar e sabotar a própria democracia – e foi exatamente isso o que se passou nessa última década.

Fiz questão de deixar claro neste livro que o recurso mais importante para a democracia digital não era a tecnologia – que, aliás, avançou enormemente neste período – nem o Estado, mas o democrata. Quanto mais pessoas convictas do valor de organizar sobre bases democráticas as sociedades e as comunidades políticas, maiores as chances de se usar todos os recursos à disposição, inclusive os resultantes das aceleradas mudanças tecnológicas, em favor da democracia. Mas quando, ao contrário, priorizam-se interesses e pretensões para os quais a democracia é um estorvo, o jogo tende a mudar.

Foi em 2016 que fomos apresentados ao nome e ao fenômeno das *fake news* no mundo. Já 2018 foi o ano em que *fake news*, em particular, e todos os recursos de propaganda suja e inescrupulosa por meio digital, em geral, dominaram as eleições brasileiras e certamente influíram em seu resultado. Os anos de 2020 e 2021 foram aqueles em que os brasileiros descobriram que *fake news*, teorias da conspiração e outras formas de manipulação política digital não apenas garroteavam a democracia brasileira, prejudicando imensamente a possibilidade de se formarem opiniões bem-informadas na disputa eleitoral, mas também podiam simplesmente matar as pessoas. São os anos em que nos demos conta de que a pandemia de covid-19 foi ainda mais letal por ter sido combinada com uma infodemia, uma pandemia de informações falsas ou distorcidas, criadas e inoculadas com propósitos políticos.

Voltemos a 2016. Foi ali, então, o início de uma fase inteiramente diferente da experiência e dos estudos de democracia digital. Os projetos e iniciativas mais vistosos postos em prática no período, assim como as inovações de maior impacto, eram diretamente relacionados a usos sociais e políticos cujo foco não apenas estava distante do aprimoramento da democracia, como havia sido na fase anterior; propósitos e resultados vinham em sentido inverso, sendo claramente antidemocráticos.

E, como era de esperar, a atenção acadêmica acompanhou os fenômenos, e praticamente todos os temas e tendências em curso na última fase dos estudos, documentados no livro, foram largamente suplantados pela concentração da pesquisa em *fake news* e outras formas de manipulação da informação para fins políticos. Nota-se isso principalmente a partir de 2021, quando, além dos investimentos tradicionais de pesquisadores das áreas de comunicação e ciência política, vimos como o tema se tornou uma especialidade de pesquisa também de áreas como ciência da computação e psicologia, e de grandes áreas como saúde.

Nessa mesma área, organizações do terceiro setor e instituições estatais concentraram esforços em ações corretivas, ou ao menos na mitigação dos danos causados por *fake news* e teorias da conspiração. Políticas públicas, iniciativas e projetos de intervenção social, mobilização de recursos humanos em laboratórios de pesquisa, desenvolvimento de produtos e métodos para detecção e correção de informações falsas, e até a criação de fundos para financiamento de atividades destinadas a lidar com essas novas formas insidiosas de propaganda digital, absorveram parte significativa das energias dedicadas à transformação digital da democracia nesse período.

As *fake news*, contudo, são apenas parte de um conjunto de usos inovadores e danosos de recursos digitais, capazes de perturbar de modo antidemocrático a vida pública e a política. Atrevo-me a dizer que, antes da inundação de *fake news* durante as disputas eleitorais e em momentos como a pandemia, os fatores com maior capacidade de desestabilizar a democracia já eram relacionados à campanha política.

Nesse sentido, três fatores, foram particularmente importantes. Primeiro, quando ambientes digitais apoiados em plataformas de comunicação *online* e em mídia digital tornaram-se a esfera central de produção de informação, interação e integração sociais, as campanhas de cima para baixo ou do centro para a periferia entraram em crise. E foram substituídas por campanhas descentralizadas ("multicentradas"), horizontais e pervasivas, em rede, e envolvendo trabalho amador.

Segundo, a história da profissionalização das campanhas políticas que, na era da televisão, havia chegado ao domínio dos estrategistas de *marketing* e de outros profissionais da comunicação, sofreu outra reviravolta nas habilidades requeridas, com a necessidade de acolher cientistas de dados, especialistas em cibersegurança, engenheiros de *software*; ou de incorporar novas habilidades de comunicação digital direta, como montagem e alimentação de grupos do WhatsApp, produção de memes, construção de uma ecologia midiática alternativa e, naturalmente, *fake news*.

Terceiro, muda o padrão da produção de material de campanha, com uma abordagem muito mais manipuladora, pervasiva e inescrupulosa, por meio da criação de perfis psicométricos, uso de propaganda oculta, *bots* e *trolls*, além do microdirecionamento, que foi usado para que a campanha eleitoral evoluísse para um padrão dirigido por dados (*data driven*), baseado em análise de grandes montantes de dados (*big data*), auxiliado por aprendizado de máquina (*machine learning* ou IA) e com entregas microssegmentadas (*microtargeting*), como já prevíamos. O imprevisto e o fato mais chocante, contudo, foi que quem primeiro fez um investimento financeiro e político para o uso disso tudo de forma coordenada e muito eficiente foi a extrema direita (Gomes, 2024).

Toda essa infraestrutura digital avançada foi empregada em campanhas altamente personalizadas, focadas no carisma e lançando mão de estratégias que promoviam polarização, divisão e radicalismo. Essas campanhas utilizaram comunicação direta e espontânea entre líderes e seguidores, enfatizando emoções, sempre despreocupadas com a veracidade da informação. Além disso, empregaram ferramentas automatizadas para dominar os espaços digitais, criando falsas opiniões públicas. Seu objetivo era deslegitimar resultados eleitorais e minar a credibilidade e legitimidade das instituições democráticas liberais[81].

Em suma, as campanhas eleitorais abraçaram a datificação da sociedade e as campanhas desestabilizadoras (*disruptive*) foram as primeiras a adotar essa estratégia. Uma ilustração marcante desse tipo de emprego foi o caso da Cambridge Analytica. Seu início foi em 2013, em Londres, com a empresa SCL Elections, liderada por Alexander Nix e Christopher Wylie, com financiamento de Robert

Mercer, sob a coordenação de Steve Bannon. A equipe desenvolveu uma matriz preditiva de comportamento eleitoral utilizando dados do Facebook coletados por Aleksandr Kogan. Kogan usou aplicativos que capturavam dados dos usuários e de seus amigos, resultando na criação de perfis psicológicos e demográficos de milhões de norte-americanos. Esses perfis foram usados para direcionar comunicações personalizadas, criando conteúdos específicos para influenciar o comportamento dos eleitores.

Assim, a Cambridge Analytica raspou dados de cerca de 60 milhões de perfis e criou perfis psicológicos de 230 milhões de norte-americanos, transformando dados em informação para identificar as categorias de mensagens mais eficazes para cada pessoa, de modo a influenciar suas opiniões e comportamentos. Com esses perfis, a empresa pôde direcionar comunicações de forma altamente personalizada. As mensagens foram ajustadas para se alinhar com as características psicológicas individuais, aumentando a eficácia da persuasão. Esse método permitiu que a Cambridge Analytica influenciasse o comportamento dos eleitores em grande escala, utilizando algoritmos para automatizar o processo de coleta e análise de dados, e criar conteúdos específicos em consonância com os traços psicológicos identificados. Esse uso foi muito eficaz no plebiscito britânico de 2016 e na eleição norte-americana de 2018.

Além disso, nesse período entramos na era do uso de *bots* sociais, que cumprem diversas funções em campanhas eleitorais. Eles são usados para manipular a percepção pública sobre a opinião geral dos cidadãos, criando uma falsa impressão de apoio ou oposição. Isso é feito através de *"astroturfing"*, estratégia de falseamento de informação que consiste em apresentar uma posição de interesse particular como sendo apoiada por uma base social ampla e legítima. Além disso, *bots* são usados em campanhas de manipulação de informação, disseminando informações falsas ou distorcidas para destruir reputações, formar imagens públicas ou promover propaganda negativa. Também são usados para promover *hashtags*, defender políticos e instituições, bem como agendas específicas, além de importunar adversários por meio de assédio e difamação, publicando comentários ofensivos e veiculando comunicação maldosa.

Bots são particularmente desestabilizadores de uma comunicação política justa, pois simulam a participação humana, influenciando, de maneira desonesta, o debate público e a agregação de interesses. Isso ocorre porque os *bots* criam uma representação distorcida da popularidade e legitimidade das ideias e participantes do debate público. As métricas de engajamento, como curtidas e seguidores, podem ser infladas artificialmente, impactando a compreensão da opinião pública e potencialmente os resultados eleitorais. Além disso, a automatização da comunicação política pode fazer com que interesses minoritários ou de elites específicas se passem por vontade popular, distorcendo a verdadeira pluralidade de opiniões.

O uso do WhatsApp pela extrema direita no Brasil, particularmente na campanha de 2018 de Jair Bolsonaro, representa um modelo inovador de disseminação de informação política, distinto dos modelos anteriores de Obama (2008) e Trump / Brexit (2016), que se baseavam em analítica de *big data*, *bots* e outros comportamentos automatizados de distribuição de informação digital. Esse modelo se baseia em uma logística de disseminação através de aplicativos de mensagens instantâneas, como o WhatsApp e o Telegram, em vez de redes sociais tradicionais. A campanha digital pró-Bolsonaro utilizou o WhatsApp para enviar mensagens diretamente aos telefones pessoais, contornando algoritmos de redes sociais e operando em um espaço mais privado e abaixo dos radares da autoridade eleitoral.

Grupos de WhatsApp e Telegram foram usados para espalhar teorias da conspiração, *fake news*, para mobilizar apoio e coordenar ataques a adversários, com velocidade e capilaridade inéditas. O sistema se integrou a uma ecologia midiática maior, envolvendo YouTube, *blogs*, *sites* de notícias e outras plataformas sociais, formando uma rede eficiente de disseminação de conteúdos de campanha. A estratégia, caracterizada pela falta de moderação e uma abordagem de "vale-tudo", resultou em uma propagação maciça de informação desonesta ou parcial, impactando profundamente o cenário político e a percepção pública. Nos quatro anos seguintes às eleições de 2018, a extrema direita construiu uma vasta rede de influenciadores e comunicadores digitais, reforçando a disseminação de *fake news* e moldando a opinião pública. A produção e distribuição de notícias falsas se tornou uma indústria organizada, com uma cadeia de criação e distribuição que inclui influenciadores, políticos e financiadores, evidenciando um novo modelo de comunicação estratégica digital.

Estaria a democracia digital ultrapassada?

À luz de tudo isso, cabe a provocativa pergunta com que se abre um recente capítulo de livro que faz uma reavaliação do estágio atual da democracia digital: *estaria a democracia obsoleta, falida?*[82]. E a democracia digital, que deveria atualizá-la no mundo?

É uma pergunta válida, considerando tudo o que temos vivido recentemente. A indagação reflete muitas das preocupações genuínas sobre o futuro da democracia na era digital. E se, ao invés de uma verdadeira e-democracia, estivermos inadvertidamente criando uma forma de democracia enfraquecida, sem os mecanismos imunológicos necessários para protegê-la de ameaças digitais introduzidas em seu organismo? Por muito tempo, os defensores da democracia digital acreditaram que poderíamos inserir códigos digitais pró-democráticos nos sistemas operacionais governamentais e sociais. Será que não é hora de reconhecer que aqueles que introduziram vírus para manipular a democracia em benefício de seus próprios interesses políticos foram mais bem-sucedidos? E se o uso atual da internet estiver se transformando em uma arma contra a liberdade (Hynes, 2021)? E se, em vez de avançar na democracia, estivermos testemunhando o surgimento de autocracias digitais?

> Muitas pessoas acham que o sistema político atual não funcionará por muito mais tempo. De repente, nos deparamos com a insustentabilidade, a migração em massa, o terror, a emergência climática, um sistema financeiro à beira do colapso e a "emergência da covid". Alguns sugeriram que é hora de um estado digital orientado por dados, e a China lideraria o caminho. No entanto, percebeu-se que isso poderia estabelecer um totalitarismo tecnológico global. Entende-se que uma sociedade orientada por dados e controlada por IA poderia facilmente acabar em uma ditadura de dados, em que a otimização anularia cada vez mais as liberdades. Então, como evitar que o mundo

acabe sendo administrado como uma "Fazenda de animais" otimizada digitalmente? Como atualizar as democracias com meios digitais?[83]

As perguntas de Helbing são pessimistas (era difícil não ser pessimista durante a pandemia), mas, tranquilizem-se, o autor faz disso trampolim para as suas propostas de fortalecimento da democracia digital. O que importa, contudo, é que as indagações fazem sentido nesta nova fase da sensibilidade pública, em que todos se dão conta da extrema e inevitável transformação digital de todo aspecto da vida, algo que se consolidou durante o isolamento social de 2020, e ao mesmo tempo todos constatam com horror que o lado sombrio, autoritário e definitivamente antidemocrático dos usos das tecnologias também está bem consolidado.

Nós nos encontramos, portanto, no campo da democracia digital, em uma encruzilhada epistemológica e, naturalmente, política.

Há diante de nós uma via pessimista e cética – que sempre existiu, mas agora se vê reforçada por oito anos de evidências – que acredita que os inimigos da sociedade aberta praticamente venceram a guerra pelos usos sociais das tecnologias de comunicação e pela esfera pública digital. Culpam por isso as plataformas, o capitalismo, a extrema direita, a polarização, os algoritmos, o radicalismo e o que mais houver.

Mas, pergunto, quando, exatamente, tivemos a democracia como um regime sem contestação e que não enfrentou as mais variadas tentativas de sabotagem, desestabilização, descaracterização e eliminação? Se o que pode ser usado contra a democracia, no mundo digital, pode também ser usado em prol dela, a pergunta realista deveria ser simplesmente: que lado vai prevalecer?

Como na velha anedota de filmes americanos, a resposta certa é "ganhará o lobo que alimentarmos mais". Os radicais e intolerantes parecem ter conquistado o debate público, os extremistas políticos parecem ter encontrado formas digitais eficientes para se impor eleitoralmente, mas os democratas continuam resistindo e as instituições da democracia continuam trabalhando em formas de resistência e de combate. Respostas institucionais das autoridades, inclusive legais ou políticas, propostas de regulação, discussão pública, mais pesquisas para agilizar diagnósticos e desenvolver anticorpos, mais desenvolvimento de instrumentos e soluções digitais, mais e melhores projetos de democracia digital são todas medidas já em curso ou que precisam ser implementadas para que a democracia resista às ameaças digitais (Gastil; Davies, 2020; Lorenz-Spreen *et al.*, 2023). E que resista também, com ela, a democracia digital.

De um ponto de vista otimista, diríamos que a última década foi uma pausa para se refletir sobre as ameaças digitais a alguns aspectos centrais da vida democrática: o direito a informações de qualidade para que os cidadãos tomem decisões bem-informadas; o direito a uma esfera pública digital em que a troca de argumentos entre sujeitos livres não seja dominada por discurso de ódio, radicalismo e intolerância; o direito de não ser manipulado por formas insidiosas e incontroláveis de propaganda inescrupulosa auxiliada por inteligência computacional e mensagens automatizadas.

Estamos na fase das implicações dos meios digitais para a democracia que Miller e Vaccari descrevem como "o acerto de contas pós-2016", que "levou a uma mudança nos tipos de perguntas feitas pelos acadêmicos, com o foco gradualmente mudando para investigações das ameaças da internet, em vez de seus benefícios" (Miller; Vaccari, 2020).

Mas, diante disso, deve-se destacar um aspecto epistêmico crucial do que aconteceu nos últimos anos, e que consiste no estabelecimento de uma nova linha de pesquisa no campo da democracia digital: a linha sobre *ameaças digitais à democracia* (Miller; Vaccari, 2020) – à democracia, à vida pública, ao Estado de direito, à deliberação pública, a eleições limpas e livres ou a qualquer outro componente essencial da experiência democrática (Iosifidis; Nicoli, 2020).

Não se trata, contudo, apenas da gigantesca produção científica sobre *fake news*, teorias da conspiração, boataria, distorção informativa, propaganda suja *online* ou qualquer outra forma de *manipulação digital inescrupulosa da informação para fins políticos*, que se estabeleceu como autêntico patrimônio de pesquisa resultante desses difíceis anos recentes[84]. Essa produção vai além, abrangendo também a pesquisa sobre a degeneração do debate público pelos radicalismos de esquerda e de direita, por progressistas e conservadores. Explora a nova era da intolerância na vida pública, o avanço da extrema direita radical e populista no mundo, bem como as formas de manipulação cognitiva da vida pública por plataformas, algoritmos, automatizações das interações *online* e inteligência artificial, fenômenos relativamente novos, quase inteiramente digitais, e com inegável impacto antidemocrático.

Os estudos das *determinantes digitais do desenvolvimento da intolerância, do radicalismo e do ódio na vida pública* se somam aos estudos sobre *a manipulação antidemocrática da informação* como as duas dimensões mais importantes da pesquisa sobre ameaças digitais à democracia. Essa área emergente não só se tornou parte essencial do campo científico da democracia digital, mas também tem sido objeto de iniciativas, projetos, preocupações legais e políticas públicas em defesa da democracia no mundo digital. A inclusão da pesquisa sobre ameaças digitais à democracia no campo de estudos da democracia digital talvez seja o maior ganho da crise que estamos atravessando nestes anos.

Salvador, junho de 2024.

---

80 Assim como não há como negar um identitarismo nacionalista ou regionalista em partidos que se chamam Fratelli d'Italia (Irmãos da Itália) ou Lega del Nord (Liga do Norte).

81 A. Roemmele e R. Gibson, "Scientific and Subversive: The Two Faces of the Fourth Era of Political Campaigning", *New Media & Society*, v. 22, n. 4, abr. 2020, p. 606, disponível em: <https://doi.org/10.1177/1461444819893979>, acesso em: set. 2024.

82 D. Helbing, "Digital Democracy (Democracy 2.0, 3.0, 4.0)", em: D. wHelbing (org.), *Next Civilization: Digital Democracy and Socio-Ecological Finance – How to Avoid Dystopia and Upgrade Society by Digital Means*, Cham: Springer, 2021, p. 249, disponível em: <https://doi.org/10.1007/978-3-030-62330-2_12>, acesso em: set. 2024.

83 *Ibidem.*

84 Tratei longamente disso em alguns capítulos do meu livro mais recente, *Transformações da política na era da comunicação digital, op. cit.*

REFERÊNCIAS

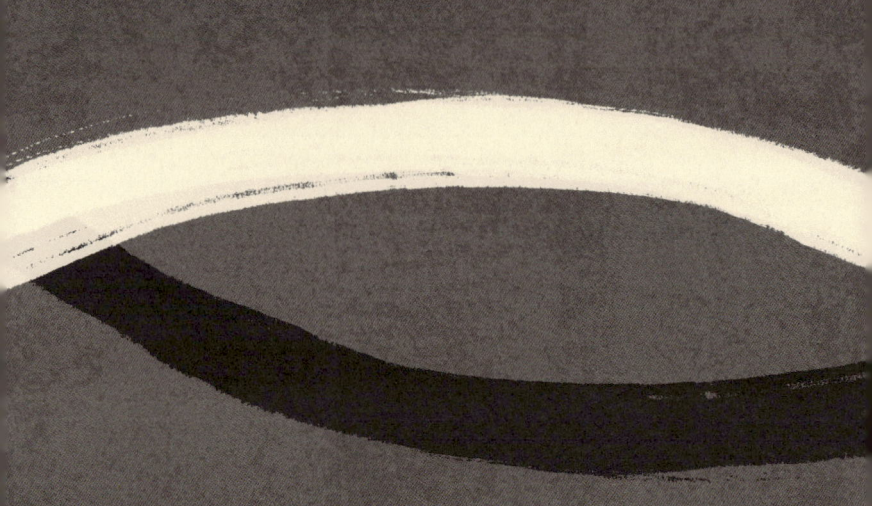

ABRAMSON, J. B.; ARTERTON, F. C.; ORREN, G. R. *Electronic Commonwealth: The Impact of New Media Technologies on Democratic Politics*. Nova York: Basic Books, 1988.

AINSWORTH, S. "Online Consultation: E-Democracy and E-Resistance in the Case of the Development Gateway". *Management Communication Quarterly*, v. 19, n. 1, pp. 120-45, 1 ago. 2005.

ALARABIAT, A.; SOARES, D. S. "Electronic Participation through Social Media". In: *Proceedings of the 9th International Conference on Theory and Practice of Electronic Governance* (Icegov '15-16). Nova York: ACM Press, 2016. Disponível em: <http://dl.acm.org/citation.cfm?doid=2910019.2910109>. Acesso em: jul. 2017.

ALLEN, M. "What Was Web 2.0? Versions as the Dominant Mode of Internet History". *New Media & Society*, v. 15, n. 2, pp. 260-75, 1 mar. 2013.

ANDERSON, L.; BISHOP, P. "E-Government to E-Democracy". *Journal of E-Government*, v. 2, n. 1, pp. 5-26, 28 dez. 2005.

ARTERTON, F. C. *Teledemocracy: Can Technology Protect Democracy?* Newbury Park: Sage, 1987.

_____. "Political Participation and 'Teledemocracy'". *PS: Political Science and Politics*, v. 21, n. 3, pp. 620-7, jan. 1988.

ÅSTRÖM, J. "Should Democracy Online Be Quick, Strong, or Thin?". *Communications of the ACM*, v. 44, n. 1, pp. 49-51, 1 jan. 2001.

BARBER, B. R. *Strong Democracy: Participatory Politics for a New Age*. Berkeley: University of California Press, 1984.

_____. "The New Telecommunications Technology: Endless Frontier or the End of Democracy?". *Constellations*, v. 4, n. 2, pp. 208-28, out. 1997.

BARLOW, J. P. "Property and Speech: Who Owns What You Say in Cyberspace?". *Communications of the ACM*, v. 38, n. 12, pp. 19-22, 1 dez. 1995.

_____. "A Declaration of the Independence of Cyberspace". Davos, 8 fev. 1996. Disponível em: <https://projects.eff.org/~barlow/Declaration-Final.html>. Acesso em: dez. 2017.

BECKER, T. "Teledemocracy: Gathering Momentum in State and Local Governance". *Spectrum: Journal of State Government*, v. 66, n. 2, p. 14, 1993.

_____. "Transforming Representative Democracy: Four Real-Life Experiments in Teledemocracy". In: WOOLPERT, S; SLATON, C. D.; SCHWERIN, E. W. (org.). *Transformational Politics: Theory, Study, and Practice*. Albany: State University of New York Press, 1998, pp. 185-200.

_____. "Rating the Impact of New Technologies on Democracy". *Communications of the ACM*, v. 44, n. 1, pp. 39-43, 1 jan. 2001.

BECKER, T. L.; SLATON, C. D. *The Future of Teledemocracy*. Londres: Greenwood Publishing Group, 2000.

BEIERLE, T. C. "Discussing the Rules: Electronic Rulemaking and Democratic Deliberation". Resources for the Future (Discussion paper 03-22), 2003.

BENHABIB, S. *Democracy and Difference: Contesting the Boundaries of the Political*. Princeton: Princeton University Press, 1996.

BERKELEY, E. C. *The Computer Revolution*. Garden City: Doubleday, 1962.

BERMAN, J.; WEITZNER, D. J. "Technology and Democracy". *Social Research*, v. 64, n. 3, pp. 1.313-19, 1997.

BERTOT, J. C.; JAEGER, P. T.; GRIMES, J. M. "Crowd-Sourcing Transparency: ICTs, Social Media, and Government Transparency Initiatives". *Proceedings of the 11th Annual International Conference on Digital Government Research*, Puebla, México, 2010, pp. 51-8.

BIASIOTTI, M. A.; NANNUCCI, R. "Implementing eDemocracy: eVoting and eParticipation". In: CUNNINGHAM, M. (ed). *eAdoption and the Knowledge Economy: Issues, Applications, Case Studies*, Pts. 1 and 2, v. 1, 2004, pp. 745-50.

BJERKNES, G.; EHN, P.; KYNG, M. *Computers and Democracy: A Scandinavian Challenge.* Avebury: Gower, 1987.

BOBBIO, N. *Il futuro della democrazia.* Turim: Einaudi, 1984.

BOHMAN, J. *Public Deliberation: Pluralism, Complexity and Democracy.* Cambridge: MIT Press, 1996.

_____ "Expanding Dialogue: The Internet, Public Sphere, and Transnational Democracy". *The Sociological Review*, v. 52, pp. 47-64, 14 jun. 2004.

BONSÓN, E. *et al.* "Local e-Government 2.0: Social Media and corporate Transparency in Municipalities". *Government Information Quarterly*, v. 29, n. 2, pp. 123-32, abr. 2012.

BOYD, D.; CRAWFORD, K. "Critical Questions for Big Data". *Information, Communication & Society*, v. 15, n. 5, pp. 662-79, jun. 2012.

BOYD, D. M.; ELLISON, N. B. "Social Network Sites: Definition, History, and Scholarship". *Journal of Computer-Mediated Communication*, v. 13, n. 1, pp. 210-30, out. 2007.

BRADLEY, D. "The Clinton Electronic Communications Project: An Experiment in Electronic Democracy". *Internet Research*, v. 4, n. 1, pp. 64-70, 1994.

BRANDON, B. H.; CARLITZ, R. D. "Online Rulemaking and Other Tools for Strengthening Our Civil Infrastructure". *Administrative Law Review*, v. 54, n. 4, pp. 1.421-78, 2002.

BRANTS, K. "Policing Democracy: Communication Freedom in the Age of Internet". *Javnost – The Public*, v. 3, n. 1, pp. 57-70, 7 jan. 1996.

_____. "The Internet and the Public Sphere". *Political Communication*, v. 22, n. 2, pp. 143-6, abr. 2005.

BRANTS, K.; HUIZENGA, M.; VAN MEERTEN, R. "The New Canals of Amsterdam: An Exercise in Local Electronic Democracy". *Media, Culture & Society*, v. 18, n. 2, pp. 233-47, 1 abr. 1996.

BREUER, A.; LANDMAN, T.; FARQUHAR, D. "Social Media and Protest Mobilization: Evidence from the Tunisian Revolution". *Democratization*, v. 22, n. 4, pp. 764-92, 2015.

BROVELLI, M. A.; MINGHINI, M.; ZAMBONI, G. "Public Participation in GIS via Mobile Applications". *ISPRS Journal of Photogrammetry and Remote Sensing*, v. 114, pp. 306-15, 2016.

BROWN, R. H. *et al*. *The National Information Infrastructure: Agenda for Action*. Washington D.C: US Department of Commerce, 1993.

BRUGGER, N. "Web Historiography and Internet Studies: Challenges and Perspectives". *New Media & Society*, v. 15, n. 5, pp. 752-64, 1 ago. 2013.

_____. "Introduction: The Webs First 25 Years". *New Media & Society*, v. 18, n. 7, pp. 1.059-65, 1 ago. 2016.

BUCHSTEIN, H. "Bytes that Bite: The Internet and Deliberative Democracy". *Constellations*, v. 4, n. 2, pp. 248-63, out. 1997.

CALHOUN, C. "Community without Propinquity Revisited: Communications Technology and the Transformation of the Urban Public Sphere". *Sociological Inquiry*, v. 68, n. 3, pp. 373-97, jul. 1998.

CARLO BERTOT, J.; JAEGER, P. T.; GRIMES, J. M. "Promoting Transparency and Accountability through ICTs, Social Media, and Collaborative e-Government". *Transforming Government: People, Process and Policy*, v. 6, n. 1, pp. 78-91, 16 mar. 2012.

CARPIGNANO, P. "The Shape of the Sphere: The Public Sphere and the Materiality of Communication". *Constellations*, v. 6, n. 2, pp. 177-89, jun. 1999.

CHADWICK, A. "Bringing E-Democracy Back in: Why It Matters for Future Research on E-Governance". *Social Science Computer Review*, v. 21, n. 4, pp. 443-55, 1 nov. 2003.

CHAMBERS, S. A. "Democracy and (the) Public(s): Spatializing Politics in the Internet Age". *Political Theory*, v. 33, n. 1, pp. 125-36, 1 fev. 2005.

CHARALABIDIS, Y. *et al*. "Public Policy Formulation through Non Moderated Crowdsourcing in Social Media". In: TAMBOURIS, E.; MACINTOSH, E. A.; SAEBO, O. (org.). *ePart 2012*. Lecture Notes in Computer Science, v. 7.444. Berlim/Heidelberg: Springer, 2012, pp. 156-69.

_____. "Passive Crowdsourcing in Government Using Social Media". *Transforming Government: People, Process and Policy*, v. 8, n. 2, pp. 283-308, 13 maio 2014.

CHEN, Y.-C. "Citizen-Centric E-Government Services: Understanding Integrated Citizen Service Information Systems". *Social Science Computer Review*, v. 28, n. 4, pp. 427-42, 1 nov. 2010.

CHEVRET, C. "Le vote électronique par Internet: du déplacement du rituel électoral à la perte de la symbolique républicaine". *Esprit Critique: Revue Internationale de Sociologie et des Sciences Sociales*, v. 5, n. 4, 2003.

CHRISTENSEN, H. S.; KARJALAINEN, M.; NURMINEN, L. "Does Crowdsourcing Legislation Increase Political Legitimacy? The Case of Avoin Ministeriö in Finland". *Policy & Internet*, v. 7, n. 1, pp. 25-45, mar. 2015.

COLEMAN, S. "Can the New Media Invigorate Democracy?" *The Political Quarterly*, v. 70, n. 1, pp. 16-22, jan. 1999.

_____. "The Future of the Internet and Democracy Beyond Metaphors, Towards Policy". In: OECD. *Promises and Problems of E-Democracy*. Paris: OECD Publications Service, 2003, pp. 143-62.

COLEMAN, S.; GØTZE, J. *Bowling Together: Online Public Engagement in Policy Deliberation*. Londres: Hansard Society, 2001.

COLEMAN, S.; HALL, N.; HOWELL, M. *Hearing Voices: The Experience of Online Public Consultations and Discussions in UK Governance*. Londres: Hansard Society, 2002.

COLEMAN, S.; SPILLER, J. "Exploring New Media Effects on Representative Democracy". *The Journal of Legislative Studies*, v. 9, n. 3, pp. 1-16, out. 2003.

DAHLBERG, L. "The Habermasian Public Sphere Encounters Cyber--Reality". *Javnost – The Public*, v. 8, n. 3, pp. 83-96, 7 jan. 2001a.

_____. "Extending the Public Sphere through Cyberspace: The Case of Minnesota E-Democracy". *First Monday*, v. 6, n. 3, 5 mar. 2001b.

_____. "Democracy via Cyberspace: Mapping the Rhetorics and Practices of Three Prominent Camps". *New Media & Society*, v. 3, n. 2, pp. 157-77, 1 jun. 2001c.

_____. "The Internet and Democratic Discourse: Exploring The Prospects of Online Deliberative Forums Extending the Public Sphere". *Information, Communication & Society*, v. 4, n. 4, pp. 615-33, 2001.

DAVIES, G. W. P.; JEGU, P. "OVIDE and Teledemocracy". *Journal of Information Science*, v. 21, n. 5, p. 383, 1995.

DE SOLA POOL, I. *Talking Back: Citizen Feedback and Cable Technology*. Cambridge: MIT Press, 1973.

_____. *Technologies of Freedom: On Free Speech in an Electronic Age*. Cambridge: Belknap Press, 1983.

DEAN, J. "Why the Net Is Not a Public Sphere". *Constellations*, v. 10, n. 1, pp. 95-112, mar. 2003.

DEWAN, S.; RIGGINS, F. J. "The Digital Divide: Current and Future Research Directions". *Journal of the Association for Information Systems*, v. 6, n. 12, pp. 298-337, 2005.

DIMAGGIO, P.; HARGITTAI, E. "From the 'Digital Divide' to 'Digital Inequality': Studying Internet Use as Penetration Increases". Working Paper Series n. 15. Princenton: Princeton University Center for Arts and Cultural Policy Studies, Princeton University, pp. 1-23, 2001.

DINI, A. A.; SAEBO, O. "The Current State of Social Media Research for eParticipation in Developing Countries: A Literature Review". *Proceedings of the 49th Hawaii International Conference on System Sciences (HICSS)*, Koloa, Havaí, 5-8 jan. 2016. Disponível em: <http://ieeexplore.ieee.org/document/7427522/>. Acesso em: dez. 2017.

DOTY, P.; ZUSSMAN, R. "Electronic 'Town Meetings': Two Experiments in Participatory Technology". *IEEE Transactions on Communications*, v. 23, n. 10, pp. 1126-33, out. 1975.

DOWNEY, J.; FENTON, N. "New Media, Counter Publicity and the Public Sphere". *New Media & Society*, v. 5, n. 2, pp. 185-202, 1 jun. 2003.

DOWNING, J. D. H. "Computers for Political Change: PeaceNet and Public Data Access". *Journal of Communication*, v. 39, n. 3, pp. 154-62, set. 1989.

DRYZEK, J. S. *Deliberative Democracy and Beyond: Liberals, Critics, Contestations*. Oxford: Oxford University Press, 2000.

DUTTON, W. H. "Political Science Research on Teledemocracy". *Social Science Computer Review*, v. 10, n. 4, pp. 505-22, 1 dez. 1992.

EDWARDS, A. R. "Informatization and Views of Democracy". In: VAN DE DONK, W. B. H. J.; SNELLEN, I.; TOPS, P. W. (org.). *Orwell in Athen: A Perspective on Informatization and Democracy*. Amsterdã: IOS Press, 1995, pp. 33-49.

ELSHTAIN, J. B. "Democracy and the QUBE Tube". *The Nation*, pp. 108-9, 1982.

ETZIONI, A. "Minerva: An Electronic Town Hall". *Policy Sciences*, v. 3, n. 4, pp. 457-74, dez. 1972.

_____. "Teledemocracy: Ross Perot Left the Residue of a Good Idea Behind Him: The Electronic Town Meeting", *The Atlantic*, pp. 36-9, 1992.

FEROZ KHAN, G. *et al*. "From E-Government to Social Government: Twitter Use by Korea's Central Government". *Online Information Review*, v. 38, n. 1, pp. 95-113, 8 jan. 2014.

FLOOD, M. M. "Let's Redesign Democracy". *Behavioral Science*, v. 23, n. 5, pp. 429-40, 1978.

FOUNTAIN, J. "Electronic Government and Electronic Civics". *SSRN Electronic Journal*, v. 18, pp. 185-212, 2003a.

_____. "Prospects for Improving the Regulatory Process Using E-Rulemaking". *Communications of the ACM*, v. 46, n. 1, pp. 63-4, 2003b.

FRIEDLAND, L. A. "Electronic Democracy and the New Citizenship". *Media, Culture & Society*, v. 18, n. 2, pp. 185-212, 1 abr. 1996.

FROOMKIN, A. M. "Habermas@discourse.net: Toward a Critical Theory of Cyberspace". *Harvard Law Review*, v. 116, n. 3, pp. 750-871, 2003.

GARCIA, A. C. B.; VIVACQUA, A. S.; TAVARES, T. C. "Enabling Crowd Participation in Governmental Decision-making". *Journal of Universal Computer Science*, v. 17, n. 14, pp. 1931-50, 2011.

GASTIL, J. "Is Face-to-Face Citizen Deliberation a Luxury or a Necessity?". *Political Communication*, v. 17, n. 4, pp. 357-61, out. 2000.

GASTIL, J.; DAVIES, T. "Digital Democracy: Episode IV – A New Hope: How a Corporation for Public Software Could Transform Digital

Engagement for Government and Civil Society". *Digital Government: Research and Practice*, v. 1, n. 1, 2020, pp. 6:1-15. Disponível em: <https://doi.org/10.1145/3342194>. Acesso em: set. 2024.

GIBSON, R. K. "Elections Online: Assessing Internet Voting in Light of the Arizona Democratic Primary". *Political Science Quarterly*, v. 116, n. 4, p. 561, 2001.

GIMMLER, A. "Deliberative Democracy, the Public Sphere and the Internet". *Philosophy & Social Criticism*, v. 27, n. 4, pp. 21-39, 1 jul. 2001.

GOMES, W. "A democracia digital e o problema da participação civil na decisão política". *Fronteiras – Estudos Midiáticos*, v. 7, n. 3, pp. 214-22, 2005a.

_____. "Internet e participação política em sociedades democráticas". *Revista Famecos*, v. 27, n. 3, pp. 58-78, 2005b.

_____. "Participação política *online*: questões e hipóteses". In: MAIA, R. C. M.; GOMES, W.; MARQUES, F. P. J. A. (org.). *Internet e participação política no Brasil*. Porto Alegre: Sulina, 2011, pp. 19-46.

_____. "20 anos de política, estado e democracia digitais: uma 'cartografia' do campo". In: SILVA, S. P. DA; BRAGATTO, R. C.; SAMPAIO, R. C. (org.). *Democracia digital, comunicação política e redes: teoria e prática*. Rio de Janeiro: Letra & Imagem, 2016a.

_____. "'Nós somos a rede social!': o protesto político entre as ruas e as redes". In: MENDONÇA, R. F.; PEREIRA, M. A.; FILGUEIRAS, F. (org.). *Democracia digital: publicidade, instituições e confronto político*. Belo Horizonte: Editora da UFMG, 2016b, pp. 371-94.

_____. *Transformações da política na era da comunicação digital*. São Paulo: Paulus, 2024.

GOUSCOS, D.; DROSSOS, D.; MARIAS, G. F. "M-GOV: A Proposed Architecture for Mobile Government Transactions". *Proceedings of the 1st European Mobile Government Conference (Euro mGov)*, Brighton, pp. 221-33, 10-11 jul. 2005.

GRAHAM, T.; WITSCHGE, T. "In Search of Online Deliberation: Towards a New Method for Examining the Quality of Online Discussions". *Communications*, v. 28, n. 2, pp. 173-204, 16 jan. 2003.

GRÖNLUND, Å. "Democracy in an IT-framed Society: Introduction". *Communications of the ACM*, v. 44, n. 1, pp. 22-26, 1 jan. 2001.

GROSSWILER, P. "Historical Hopes, Media Fears, and the Electronic Town Meeting Concept: Where Technology Meets Democracy or Demagogy?". *Journal of Communication Inquiry*, v. 22, n. 2, pp. 133-51, 1 abr. 1998.

GUNAWONG, P. "Open Government and Social Media: A Focus on Transparency". *Social Science Computer Review*, v. 33, n. 5, pp. 587-98, 1 out. 2015.

GUTMANN, A.; THOMPSON, D. *Democracy and disagreement*. Cambridge: Harvard University Press, 1996.

HABERMAS, J. *Strukturwandel der Öffentlichkeit*. Frankfurt: Suhrkamp, 1962.

_____. *Moralbewusstsein und kommunikatives Handeln*. Frankfurt: Suhrkamp, 1983.

_____. *Faktizität und Geltung: Beiträge zur Diskurstheorie des Rechts und des demokratischen Rechtsstaates*. Frankfurt: Suhrkamp, 1992.

_____. *Between Facts and Norms: Contributions to a Discourse Theory of Law and Democracy*. Cambridge: MIT Press, 1996.

HACKER, K. L.; TODINO, M. A. "Virtual Democracy at the Clinton White House: An Experiment in Electronic Democratisation". *Javnost – The Public*, v. 3, n. 1, pp. 71-86, 7 jan. 1996.

HALE, M.; MUSSO, J.; WEARE, C. "Developing Digital Democracy: Evidence from Californian Municipal Web Pages". In: HAGUE, B. N.; LOADER, B. D. (org.). *Digital Democracy: Discourse and Decision Making in the Information Age*. Londres: Routledge, 1999, pp. 96-115.

HARGITTAI, E. "Second-level Digital Divide: Differences in People's Online Skills". *First Monday*, v. 7, n. 4, 2002.

HEIKKA, T. "The Rise of the Mediating Citizen: Time, Space, and Citizenship in the Crowdsourcing of Finnish Legislation". *Policy & Internet*, v. 7, n. 3, pp. 268-291, set. 2015.

HELBING, D. "Digital Democracy (Democracy 2.0, 3.0, 4.0)". Em: D. Helbing (org.), *Next Civilization: Digital Democracy and Socio-Ecological*

Finance – How to Avoid Dystopia and Upgrade Society by Digital Means. Cham: Springer, 2021, pp. 249-68. Disponível em: <https://doi.org/10.1007/978-3-030-62330-2_12>. Acesso em: set. 2024.

HELD, D. *Models of Democracy*. Cambridge: Polity Press, 1987.

HELLSTRÖM, J. "Mobile Participation? Crowdsourcing During the 2011 Uganda General Elections". *CM International Conference Proceeding Series*, v. 46, n. 0, pp. 249-258, 2012.

HENMAN, P. "Governmentalities of Gov 2.0". *Information, Communication & Society*, v. 16, n. 9, pp. 1.397-418, nov. 2013.

HERN, M.; CHAULK, S. T. U. "Roadgrading Community Culture: Why the Internet Is so Dangerous to Real Democracy". *Democracy & Nature*, v. 6, n. 1, pp. 111-20, 2000.

HILBERT, M. "The Maturing Concept of E-Democracy: From E-Voting and Online Consultations to Democratic Value Out of Jumbled Online Chatter". *Journal of Information Technology & Politics*, v. 6, n. 2, pp. 87-110, 12 maio 2009.

HOFF, J.; HORROCKS, I.; TOPS, P. W. *Democratic Governance and New Technology: Technology Mediated Innovations in Political Practice in Western Europe*. Londres: Routledge, 2000.

HOFF, J.; SCHEELE, C. E. "Theoretical Approaches to Digital Services and Digital Democracy: The Merits of the Contextual New Medium Theory Model". *Policy & Internet*, v. 6, n. 3, pp. 241-67, set. 2014.

HOLLANDER, R. *Video Democracy: The Vote-from-home Revolution*. Mt. Airy: Lomond, 1985.

HOUSTON, A. L. *et al.* "Will Remote Electronic Voting Systems Increase Participation?". *Electronic Government, an International Journal*, v. 2, n. 4, p. 353, 2005.

HURWITZ, R. "Who Needs Politics? Who Needs People? The Ironies of Democracy in Cyberspace". *Contemporary Sociology*, v. 28, n. 6, pp. 655-61, 1999.

HYNES, M. "Digital Democracy: The Winners and Losers". Em: *The Social, Cultural and Environmental Costs of Hyper-Connectivity: Sleeping*

Through the Revolution. Leeds: Emerald, 2021, pp. 137-53. Disponível em: <https://doi.org/10.1108/978-1-83909-976-220211009>. Acesso em: set. 2024.

IOSIFIDIS, P.; NICOLI, N. *Digital Democracy, Social Media and Disinformation*. Londres: Routledge, 2020. Disponível em: <https://doi.org/10.4324/9780429318481>. Acesso em: set. 2024.

IYENGAR, S.; LUSKIN, R. C.; FISHKIN, J. S. "Facilitating Informed Public Opinion: Evidence from Face-to-Face and Online Deliberative Polls". Annual Meeting of the American Political Science Association, Philadelphia, 2003.

JANSSEN, D.; KIES, R. "Online Forums and Deliberative Democracy". *Acta Politica*, v. 40, n. S3, pp. 317-35, 15 set. 2005.

JANSSEN, M.; CHARALABIDIS, Y.; ZUIDERWIJK, A. "Benefits, Adoption Barriers and Myths of Open Data and Open Government". *Information Systems Management*, v. 29, n. 4, pp. 258-68, set. 2012.

JAYASENA, G. N.; KARUNARATNA, D. D. "Towards an Enabling Framework for eDemocracy through the Integration of Citizen Participation along the Spatial Dimension Using Free and Open Source Technologies". *Proceedings of the 24th South East Asia Regional Computer Conference*, Bangkok, Tailândia, v. 14, 2007.

JENSEN, J. L. "Virtual Democratic Dialogue? Bringing Together Citizens and Politicians". *Information Polity*, v. 8, pp. 29-47, 2003.

JUNG, J.-Y.; QIU, J. L.; KIM, Y.-C. "Internet Connectedness and Inequality: Beyond the 'Divide'". *Communication Research*, v. 28, n. 4, pp. 507-35, 1 ago. 2001.

KANGAS, J.; STORE, R. "Internet and Teledemocracy in Participatory Planning of Natural Resources Management". *Landscape and Urban Planning*, v. 62, n. 2, pp. 89-101, 10 jan. 2003.

KARDAN, A. A.; SADEGHIANI, A. "Is e-Government a Way to e-Democracy?". *Government Information Quarterly*, v. 28, n. 4, pp. 466-73, out. 2011.

KAUN, A. "Our Time to Act Has Come: Desynchronization, Social Media Time and Protest Movements". *Media, Culture & Society*, 21 abr. 2016.

KENNEDY, T.; WELLMAN, B.; KLEMENT, K. "Gendering the Digital Divide". *IT & Society*, v. 1, n. 5, pp. 149-72, 2003.

KERSTEN, G. E. "E-Democracy and Participatory Decision Processes: Lessons From e-Negotiation Experiments". *Journal of Multi-Criteria Decision Analysis*, v. 12, n. 2-3, pp. 127-43, mar. 2003.

KING, S.; COTTERILL, S. "Transformational Government? The Role of Information Technology in Delivering Citizen-Centric Local Public Services". *Local Government Studies*, v. 33, n. 3, pp. 333-54, jun. 2007.

LAUDON, K. C. *Communications Technology and Democratic Participation*. Nova York: Praeger, 1977.

LAUER, T. W. "The Risk of e-Voting". *Electronic Journal of E-government*, v. 2, n. 3, pp. 177-86, 2004.

LEE, J.; LEE, H. "Developing and Validating a Citizen-Centric Typology for Smart City Services". *Government Information Quarterly*, v. 31, n. S1, pp. S93-S105, 2014.

LEE, S. M.; TAN, X.; TRIMI, S. "M-Government, from Rhetoric to Reality: Learning from Leading Countries". *Electronic Government*, v. 3, n. 2, pp. 113-26, 2006.

LIDÉN, G. "Is e-Democracy More than Democratic?: An Examination of the Implementation of Socially Sustainable Values in e-Democratic Processes". *Electronic Journal of e-Government*, v. 10, n. 1, pp. 84-94, 2012.

_____. "Technology and Democracy: Validity in Measurements of e-Democracy". *Democratization*, v. 22, n. 4, pp. 698-713, 2015.

LINDERS, D. "From e-Government to we-Government: Defining a Typology for Citizen Coproduction in the Age of Social Media". *Government Information Quarterly*, v. 29, n. 4, pp. 446-54, out. 2012.

LONDON, S. "Teledemocracy vs. Deliberative Democracy: A Comparative Look at Two Models of Public Talk". *Journal of Interpersonal Computing and Technology*, v. 3, n. 2, pp. 33-55, 1995.

LORENZ-SPREEN, P. *et al.* "A Systematic Review of Worldwide Causal and Correlational Evidence on Digital Media and Democracy". *Nature*

Human Behaviour, v. 7, 2003, pp. 74-101. Disponível em: <https://doi.org/10.1038/s41562-022-01460-1>. Acesso em: set. 2024.

LOTOV, A. V. "Internet Tools for Supporting of Lay Stakeholders in the Framework of the Democratic Paradigm of Environmental Decision Making". *Journal of Multi-Criteria Decision Analysis*, v. 12, n. 2-3, pp. 145-62, mar. 2003.

MACINTOSH, A. "Characterizing e-Participation in Policy-making". *Proceedings of the 37th Annual Hawaii International Conference on System Sciences*, Big Island, Havaí, 5-8 jan. 2004. Disponível em: <http://ieeexplore.ieee.org/document/1265300/>. Acesso em: dez. 2017.

MACINTOSH, A.; MALINA, A.; FARRELL, S. "Digital Democracy through Electronic Petitioning". *Advances in Digital Government*, v. 26, n. 10, pp. 137-48, 2002.

MAIA, R. C. M. "Redes cívicas e internet: do ambiente informativo denso às condições da deliberação pública". In: EISENBERG, J.; CEPIK, M. (org.). *Internet e política: teoria e prática da democracia eletrônica*. Belo Horizonte: Editora da UFMG, 2002, pp. 46-72.

MCDERMOTT, P. "Building Open Government". *Government Information Quarterly*, v. 27, n. 4, pp. 401-13, out. 2010.

MCLEAN, I. *Democracy and the New Technology*. Cambridge: Polity Press, 1989.

MEIJER, A. J.; CURTIN, D.; HILLEBRANDT, M. "Open Government: Connecting Vision and Voice". *International Review of Administrative Sciences*, v. 78, n. 1, pp. 10-29, 22 mar. 2012.

MILLER, M. L.; VACCARI, C. "Digital Threats to Democracy: Comparative Lessons and Possible Remedies". *International Journal of Press/Politics*, v. 25, n. 3, jul. 2020, pp. 333-56. Disponível em: <https://doi.org/10.1177/1940161220922323>. Acesso em set. 2024.

MILWARD, H. B.; SNYDER, L. O. "Electronic Government: Linking Citizens to Public Organizations through Technology". *Journal of Public Administration Research and Theory (J-PART)*, v. 6, n. 2, pp. 261-75, 1996.

MITROPOULOS, M. "Implications of Cable TV for Participatory Democracy". *Cities*, v. 2, n. 2, pp. 178-9, maio 1985.

MOSSBERGER, K.; WU, Y.; CRAWFORD, J. "Connecting Citizens and Local Governments? Social Media and Interactivity in Major U.S. Cities". *Government Information Quarterly*, v. 30, n. 4, pp. 351-8, out. 2013.

MUHLBERGER, P. "Human Agency and the Revitalization of the Public Sphere". *Political Communication*, v. 22, n. 2, pp. 163-78, abr. 2005.

NAISBITT, J. *Megatrends*. Nova York: Warner Books, 1982.

NAM, T. "Suggesting Frameworks of Citizen-sourcing via Government 2.0". *Government Information Quarterly*, v. 29, n. 1, pp. 12-20, 2012.

NORRIS, P. *Digital Divide: Civic Engagement, Information Poverty, and the Internet Worldwide*. Nova York: Cambridge University Press, 2001.

NUGENT, J. D. "If e-Democracy Is the Answer, What's the Question?". *National Civic Review*, v. 90, n. 3, pp. 221-34, jan. 2001.

OBLAK ČRNIČ, T. "Idea(l)s on e-Democracy and Direct Online Citizenship". *Southeastern Europe*, v. 36, n. 3, pp. 398-420, 1 jan. 2012.

OECD. "Understanding the Digital Divide". *Industrial Law Journal*, v. 6, n. 1, pp. 52-4, 2001.

OGDEN, M. R. "Politics in a Parallel Universe: Is There a Future for Cyberdemocracy". *Futures*, v. 26, n. 7, pp. 713-29, set. 1994.

OGUNLEYE, O. S.; VAN BELLE, J. P. "Exploring the Success, Failure and Factors Influencing m-Government Implementation in Developing Countries". *Proceedings of the IST-Africa Conference and Exhibition*, 2014.

OOSTVEEN, A.-M.; VAN DEN BESSELAAR, P. "Internet Voting Technologies and Civic Participation: The Users' Perspective". *Javnost – The Public*, v. 11, n. 1, pp. 61-78, 7 jan. 2004.

PANKOWSKA, M. "Government 2.0: Innovation for E-Democracy". In: Information Resources Management Association, *Politics and Social Activism: Concepts, Methodologies, Tools, and Applications*. 3 v. Hershey: IGI Global, 2016, pp. 1.509-27.

PAPACHARISSI, Z. "The Virtual Sphere: The Internet as a Public Sphere". *New Media & Society*, v. 4, n. 1, pp. 9-27, 1 fev. 2002.

PATEMAN, C. *Participation and Democratic Theory*. Cambridge: Cambridge University Press, 1970.

PAUTZ, H. "The Politics of Identity in Germany: The Leitkultur Debate". *Race & Class*, v. 46, n. 4, abr. 2005, pp. 39-52. Disponível em: <https://doi.org/10.1177/0306396805052517>. Acesso em: set. 2024.

PEARCE, S. "E-Democracy: Consultations in the UK Parliament". Congress on Innovations for an e-Society Challenges for Technology Assessment, Berlim, 17-19 out. 2001.

POREBSKI, L. "Three Faces of Electronic Democracy". *Proceedings of the 10th European Conference on Information Systems (ECIS)*, Gdansk, Polônia, 2002. Disponível em: <http://aisel.aisnet.org/cgi/viewcontent.cgi?article=1082&context=ecis2002>. Acesso em: dez. 2017.

PORUMBESCU, G. A. "Linking Public Sector Social Media and e-Government Website Use to Trust in Government". *Government Information Quarterly*, v. 33, n. 2, pp. 291-304, abr. 2016.

POSTER, M. "CyberDemocracy: Internet and the Public Sphere". In: PORTER, D. (org.), *Internet Culture*. Nova York: Routledge, 1997, pp. 201-18.

PUTNAM, R. D. *Bowling Alone: The Collapse and Revival of American Community*. Nova York: Simon & Schuster, 2000.

RETHEMEYER, R. K. "Policymaking in the Age of Internet: Is the Internet Tending to Make Policy Networks More or Less Inclusive?". *Journal of Public Administration Research and Theory*, v. 17, n. 2, pp. 259-84, 7 jun. 2006.

RHEINGOLD, H. *The Virtual Community: Homesteading on the Electronic Frontier*. Nova York: Addison-Wesley, 1993.

RIOS, J. *et al*. "Participatory Budget Formation through the Web". In: BÖHLEN, M. *et al*. (org.). *E-Government: Towards Electronic Democracy*. Berlim/Heidelberg: Springer, 2005, pp. 268-76.

ROEDER, S. *et al*. "'Public Budget Dialogue' – An Innovative Approach to E-Participation". In: BÖHLEN, M. *et al*. (org.). *E-Government: Towards Electronic Democracy*. Berlim/Heidelberg: Springer, 2005, pp. 48-56.

ROEMMELE, A.; GIBSON, R. "Scientific and Subversive: The Two Faces of the Fourth Era of Political Campaigning". *New Media &*

Society, v. 22, n. 4, abr. 2020, pp. 595-610. Disponível em: <https://doi.org/10.1177/1461444819893979>. Acesso em: set. 2024.

SCHLOSBERG, D.; DRYZEK, J. S. "Digital Democracy: Authentic or Virtual?". *Organization & Environment*, v. 15, n. 3, pp. 332-5, 2002.

SCHNEIDER, S. M. "Creating a Democratic Public Sphere through Political Discussion: A Case Study of Abortion Conversation on the Internet". *Social Science Computer Review*, v. 14, n. 4, pp. 373-93, 1 dez. 1996.

SERVON, L. "Four Myths about the Digital Divide". *Planning Theory & Practice*, v. 3, n. 2, pp. 222-7, 2002.

SHENG, H.; TRIMI, S. "M-Government: Technologies, Applications and Challenges". *Electronic Government: An International Journal*, v. 5, n. 1, pp. 1-18, 2008.

SIMON, J. *et al. Digital Democracy: The Tools Transforming Political Engagement*. Londres: Nesta Foudation, 2017.

SMALL, T. A. "E-Government in the Age of Social Media: An Analysis of the Canadian Government's Use of Twitter". *Policy & Internet*, v. 4, n. 3-4, pp. 91-111, dez. 2012.

SMITH, A. *The Politics of Information*. Londres: Mcmillan, 1978.

SMITH, E.; MACINTOSH, A. "E-Voting: Powerful Symbol of E-Democracy". In: TRAUNMÜLLER, R. (org.). *Electronic Government*. Berlim/Heidelberg: Springer, 2003, pp. 240-5.

SPILIOTOPOULOU, L. *et al*. "A Framework for Advanced Social Media Exploitation in Government for Crowdsourcing". *Transforming Government: People, Process and Policy*, v. 8, n. 4, pp. 545-68, 14 out. 2014.

SPINELLI, M. "Democratic Rhetoric and Emergent Media: The Marketing of Participatory Community on Radio and the Internet". *International Journal of Cultural Studies*, v. 3, n. 2, pp. 268-78, 1 ago. 2000.

STAMATI, T.; PAPADOPOULOS, T.; ANAGNOSTOPOULOS, D. "Social Media for Openness and Accountability in the Public Sector: Cases in the Greek Context". *Government Information Quarterly*, v. 32, n. 1, pp. 12-29, jan. 2015.

STRECK, J. "Pulling the Plug on Electronic Town Meetings: Participatory Democracy and the Reality of the Usenet". In: TOULOUSE, C.; LUKE, T. W. (org.). *The Politics of Cyberspace*. Londres: Routledge, 1998, pp. 18-47.

STREET, J. "Remote Control? Politics, Technology and 'Electronic Democracy'". *European Journal of Communication*, v. 12, n. 1, pp. 27-42, 1 mar. 1997.

STROMER-GALLEY, J. "Voting and the Public Sphere: Conversations on Internet Voting". *Political Science and Politics*, v. 36, n. 4, pp. 727-31, 2003.

SUN, P.-L.; KU, C.-Y.; SHIH, D.-H. "An Implementation Framework for E-Government 2.0". *Telematics and Informatics*, v. 32, n. 3, pp. 504-20, ago. 2015.

THIEL, S.-K. K. *et al.* "Insights from a m-Participation Prototype in the Wild". *Proceedings of the IEEE International Conference on Pervasive Computing and Communication Workshops (PerCom Workshops)*, St. Louis, 23-27 mar. 2015. Disponível em: <http://ieeexplore.ieee.org/document/7134013/>. Acesso em: dez. 2017.

THIEL, S.-K.; LEHNER, U. "Exploring the Effects of Game Elements in M-Participation". *Proceedings of the 2015 British HCI Conference*, Lincoln, UK, 13-17 jul. 2015. Disponível em: <http://dl.acm.org/citation.cfm?doid=2783446.2783587>. Acesso em: dez. 2017.

TOFFLER, A. *The Third Wave*. Toronto: Bantam Books, 1980.

TRECHSEL, A. H. *et al.* "Evaluation of the Use of New Technologies in Order to Facilitate Democracy in Europe". STOA Working Paper 116 EN, European Parliament, 2004.

TRIMI, S.; SHENG, H. "Emerging Trends in M-Government". *Communications of the ACM*, v. 51, n. 5, pp. 53-8, 1 maio 2008.

TSAGAROUSIANOU, R. "Back to the Future of Democracy? New Technologies, Civic Networks and Direct Democracy in Greece". In: TSAGAROUSIANOU, R.; TAMBINI, D.; BRYAN, C. (org.). *Cyberdemocracy: Technology, Cities and Civic Networks*. Londres: Routledge, 1998, pp. 41-59.

_____. "Electronic Democracy: Rhetoric and Reality". *Communications*, v. 24, n. 2, pp. 189-208, 1999.

VALENZUELA, S. "Unpacking the Use of Social Media for Protest Behavior: The Roles of Information, Opinion Expression, and Activism". *American Behavioral Scientist*, v. 57, n. 7, pp. 920-42, 1 jul. 2013.

VAN DIJK, J. G. M. "Models of Democracy – Behind the Design and Use of New Media in Politics". *Javnost – The Public*, v. 3, n. 1, pp. 43-56, 7 jan. 1996.

_____. "Models of Democracy and Concepts of Communication". In: HACKER, K. L.; VAN DIJK, J. G. M. (org.). *Digital Democracy: Issues of Theory and Practice*. Londres: Sage, 2000.

_____. *The Deepening Divide: Inequality in the Information Society*. Thousand Oaks: Sage, 2005.

_____. "Digital Democracy: Vision and Reality". *Innovation and the Public Sector*, v. 19, pp. 49-62, 2012.

VAN DIJK, J. A. G. M.; HACKER, K. "The Digital Divide as a Complex and Dynamic Phenomenon". *The Information Society*, v. 19, n. 4, pp. 315-26, 2003.

VAN VELSEN, L. *et al.* "Requirements Engineering for e-Government Services: A Citizen-Centric Approach and Case Study". *Government Information Quarterly*, v. 26, n. 3, pp. 477-86, 2009.

VARLEY, P. "Electronic Democracy". *Technology Review*, v. 94, n. 8, pp. 43-51, 1991.

VEDEL, T. "The Idea of Electronic Democracy: Origins, Visions and Questions". *Parliamentary Affairs*, v. 59, n. 2, pp. 226-35, 10 fev. 2006.

VOGT, S.; FÖRSTER, B.; KABST, R. "Social Media and E-Participation: Challenges of Social Media for Managing Public Projects". *International Journal of Public Administration in the Digital Age*, v. 1, pp. 85-105, 2014.

WALZER, M. *Spheres of Justice*. Oxford: Basil Blackwell, 1985.

WANG, Y. *et al.* "Mobile Crowdsourcing: Framework, Challenges, and Solutions". *Concurrency and Computation: Practice and Experience*, v. 29, n. 3, 2017.

WATSON, R. T. *et al.* "Teledemocracy in Local Government". *Communications of the ACM*, v. 42, n. 12, pp. 58-63, dez. 1999.

WEARE, C. "The Internet and Democracy: The Causal Links Between Technology and Politics". *International Journal of Public Administration*, v. 25, n. 5, pp. 659-91, 20 abr. 2002.

WESTEN, T. "E-Democracy: Ready or Not, Here It Comes". *National Civic Review*, v. 89, n. 3, pp. 217-28, 2000.

WHITE, C. S. "Citizen Participation and the Internet: Prospects for Civic Deliberation in the Information Age". *The Social Studies*, v. 88, n. 1, pp. 23-28, jan. 1997.

WHYTE, A.; MACINTOSH, A. "Transparency and Teledemocracy: Issues from an 'E-Consultation'". *Journal of Information Science*, v. 27, n. 4, pp. 187-98, 2001.

WIRTZ, B. W.; DAISER, P.; MERMANN, M. "Social Media as a Leverage Strategy for Open Government: An Exploratory Study". *International Journal of Public Administration*, pp. 1-14, 9 mar. 2017.

WITSCHGE, T. "Online Deliberation: Possibilities of the Internet for Deliberative Democracy". In: SHANE, P. M. (org.), *Democracy Online: The Prospects for Political Renewal through the Internet*, Nova York: Routledge, 2002.

YTTERSTAD, P.; WATSON, R. T. "Teledemocracy: Using Information Technology to Enhance Political Work". *MISQ*, v. 20, n. 3, p. 347, set. 1996.

ZIMMER, M.; HOFFMANN, A. L. "Preface: A Decade of Web 2.0 – Reflections, Critical Perspectives, and Beyond". *First Monday*, v. 21, n. 6, 10 jun. 2016.

ZINNBAUER, D. "Crowdsourced Corruption Reporting: What Petrified Forests, Street Music, Bath Towels, and the Taxman Can Tell Us About the Prospects for Its Future". *Policy & Internet*, v. 7, n. 1, pp. 1-24, mar. 2015.

SOBRE O AUTOR

Wilson Gomes é doutor em Filosofia e pesquisador nas áreas de comunicação política e democracia, governo e política em ambientes digitais. É professor titular de teoria da comunicação na Faculdade de Comunicação da Universidade Federal da Bahia (UFBA). Publicou artigos e livros na área de comunicação e política, entre eles *Transformações da política na era da comunicação de massa* (Paulus, 2004), *Jornalismo, fatos e interesses* (Insular, 2009), *A política na timeline* (Edufba, 2014) e *Crônica de uma tragédia anunciada: como a extrema-direita chegou ao poder* (Sagga, 2020). Coordena o Centro de Estudos Avançados em Democracia Digital (CEADD), da UFBA, e o Instituto Nacional de Ciência e Tecnologia em Democracia Digital (INCT.DD).

Este livro também está disponível em formato ePub.
Saiba mais no site das Edições Sesc: bit.ly/democracia_digital

Fontes	Baskerville e Helvetica
Papel	Capa: Supremo alta alvura 250 g/m²
	Miolo: Pólen natural 80 g/m²
Impressão	Maistype
Data	Março 2025